Claudia Boss-Teichmann

# Rezepte für die große Ernte

## 1001 Idee für Zucchini, Kirschen und mehr

43 Farbfotos

Ulmer

## Die Fülle genießen

Haben auch Sie Freude daran, im eigenen Garten Obst und Gemüse anzubauen? Vielleicht lieben auch Sie es, den Rhythmus der Jahreszeiten zu erleben, im Kontakt mit der Natur zu sein oder das Resultat Ihrer Arbeit nicht nur in Händen zu halten, sondern auch in der Küche zu verwerten? Mir geht es so. Besonders viel Spaß macht natürlich die Ernte. Ob es sich um die ersten Erdbeeren im Frühjahr, die vollreifen Tomaten im August oder den Rosenkohl nach dem ersten Frost handelt – jede Frucht und jede Jahreszeit hat ihre eigenen Reize.

Nach einer sehr üppigen Ernte stehen viele Hobbygärtner immer wieder vor der Frage: Was tun mit der Fülle an Zucchini, Zwetschgen oder Äpfeln? Alle Nachbarn sind schon beschenkt, der Platz im Tiefkühlgerät ist ausgeschöpft, die Lieblingsmarmelade gekocht ... und immer noch ist reichlich von der guten Ernte vorhanden. Hier soll dieses Buch rasch und unkompliziert Abhilfe schaffen: Es bietet Ihnen zu den beliebtesten Obst- und Gemüsesorten einen Überblick über die optimale Lagerung, die möglichen Methoden des Haltbarmachens, viele Tipps für die rasche Verwertung sowie einfache, köstliche Rezepte. Dabei finden Sie sowohl Gerichte, die für den sofortigen Genuss bestimmt sind, als auch Haltbares wie Marmeladen, Säfte, Liköre, Chutneys, Relishes, Getrocknetes und Eingemachtes. Probieren Sie am besten gleich etwas aus!

Claudia Boss-Teichmann

# Inhalt

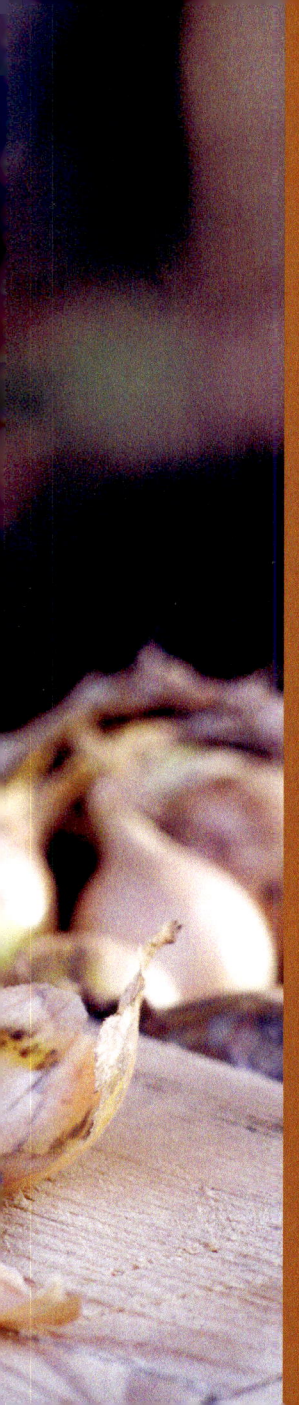

# Basiswissen Haltbarmachen

Trocknen, räuchern, salzen: Einige der Methoden des Haltbarmachens sind wohl so alt wie die Menschheit selbst. Hier finden Sie alles, was Sie über moderne und uralte Methoden des Haltbarmachens wissen sollten.

# Die wichtigsten Methoden

Wer viel Obst, Gemüse, Kräuter und Nüsse im Garten hat, ist gut beraten, über die wichtigsten Methoden des Haltbarmachens Bescheid zu wissen. Hier finden Sie nützliches Wissen zum Einfrieren, Einmachen, Trocknen und Entsaften, Heißeinfüllen, Säuern, Einlegen in Öl oder Alkohol.

## Einfrieren

Einfrieren geht schnell und ist unkompliziert. Bis auf wenige Ausnahmen – beispielsweise Blattsalate und Rettiche – ist diese Methode des Haltbarmachens für alle Obst- und Gemüsesorten geeignet. Aussehen, Aroma und Nährstoffe des Gefrierguts bleiben weitgehend erhalten. Wenn Sie viel Obst und Gemüse einfrieren wollen und deshalb eine Gefriertruhe brauchen, sollten Sie aber nicht vergessen, dass eine solche Truhe viel Platz benötigt und kontinuierlich Strom verbraucht.

### Wichtig für das Einfrieren von Obst und Gemüse

- Nur frische Produkte im Top-Zustand eignen sich fürs Einfrieren, also Obst und Gemüse ohne braune Stellen.
- Obst und Gemüse werden klein geschnitten, die meisten Gemüsesorten **blanchiert.** Dazu das Gemüse ein bis zwei Minuten in siedendes Wasser tauchen oder dämpfen und anschließend rasch in einem Eiswasserbad abkühlen.
- Allerdings: Bei Paprika, Zucchini und Auberginen ist Blanchieren nicht nötig, da es keine Qualitätsverbesserung bringt. Erntefrischer Spargel kann geschält und unblanchiert eingefroren werden.
- Beerenobst, das in Form bleiben soll, weil man es später zum Beispiel für eine Torte oder zum Garnieren verwenden möchte, können Sie auf einem Tablett oder größerem Schneidebrett nebeneinander liegend im Tiefkühl-

Blanchieren erhält die frische Farbe und verlangsamt den Abbau von Vitaminen.

gerät **vorfrieren**, damit es nicht aneinander klebt und matschig wird.
- Geschmack, Farbe und Form von Obst bleiben besser erhalten, wenn man es mit etwas Zucker einfriert. Beeren bestreut man mit ca. 100 g Zucker auf 1 kg Obst, bei Stein- und Kernobst empfiehlt sich eine **Zuckerlösung**: je nach Süße der Früchte ca. 450 g Zucker mit 1 l Wasser aufkochen, abkühlen lassen und die Früchte damit übergießen.
- Obst, das später für Marmelade, Kuchen oder süße Aufläufe verwendet werden soll, wird ungezuckert eingefroren.
- Vorräte möglichst luftdicht verpacken. Dazu eignen sich Gefrierbeutel oder gefriergeeignete Kunststoffbehälter. Dosen nur bis zwei Zentimeter unter den Rand füllen, rechteckige sind platzsparender als runde.
- Damit das Eingefrorene auch gut genutzt wird, sollten Sie es unbedingt mit Angaben zu Menge, Einfrierdatum und Verbrauchsdatum versehen.
- Da die Qualität bei Eingefrorenem zwar langsam, aber stetig abbaut, sollten Sie Ihre Vorräte vor dem Ende der **maximalen Lagerdauer** aufbrauchen.
- Eingefrorenes Obst und Gemüse ist bis zu zwölf Monate haltbar.

# Einkochen

Beim Einkochen – auch als Einmachen oder Einwecken bezeichnet – werden Lebensmittel auf eine Temperatur zwischen 75 °C und 100 °C erhitzt. Dadurch werden Mikroorganismen abgetötet, die sonst Zersetzungsprozesse bewirken würden.

Eingekocht werden kann in einem speziellen **Einkochtopf**, im Backofen, im Schnellkochtopf oder im Mikrowellengerät. Die Vorgehensweise und die Einkochzeiten entnehmen Sie am besten den Angaben des Herstellers des von Ihnen verwendeten Gerätes.

### Bei allen Methoden ist wichtig
Obst und Gemüse müssen vollreif, frisch und in einwandfreiem Zustand sein.

Wenn Sie regelmä-
ßig große Mengen
einkochen, lohnt
sich die Anschaf-
fung eines Ein-
kochtopfes.

Gummiringe und Einmachgläser müssen sauber sein. Vor dem Einfüllen der Zutaten spült man sie noch einmal mit heißem Wasser aus und lässt sie auf einem Küchenhandtuch abtropfen.

Das Einmachgut bis zwei Zentimeter unter den Rand in die Gläser füllen.

Obst wird mit einer heißen **Zuckerlösung** übergossen, die Sie am besten mit speziellem Einmachzucker zubereiten. Bei süßen Früchten nimmt man etwa 250 g Zucker auf 1 l Wasser, bei sauren 500 g. Gemüse wird mit heißem, abgekochtem Wasser übergossen.

## Nützliche Hilfe

**Tipp**

Einmachzucker
ist spezieller Zu-
cker mit beson-
ders großen,
gleichmäßigen
Kristallen.

Einmachhilfen erleichtern das Einkochen. Sie sind in kleinen Tütchen à 2,5 g erhältlich und enthalten meist den Konservierungsstoff Sorbinsäure (E 200). Doch Hilfen hin oder her: Wer nicht absolut sauber arbeitet, wird mit dem Einkochen kein Glück haben: Wichtig ist nämlich, Bakterien und Sporen nicht an das Einkochgut gelangen zu lassen.

Zum Schluss die Ränder der Gläser mit einem sauberen, feuchten Tuch abwischen, Gummiringe und Deckel noch feucht auflegen, die Gläser mit einer Klammer verschließen und erhitzen.

Die Klammern erst nach völligem Erkalten des Glasinhalts entfernen.

Eingekochtes ist jahrelang haltbar, verliert aber mit der Zeit Aroma, Vitamine und Farbe. Daher ist eine längere Lagerdauer als ein Jahr nicht zu empfehlen.

# Entsaften

Saft können Sie pur genießen oder als Basis für Gelees oder Liköre verwenden. Für das Entsaften gibt es drei Methoden: Heißentsaften, Dampfentsaften und Kaltentsaften.

Beim **Heißentsaften** wird 1 kg Obst mit 2 l Wasser aufgekocht und danach in ein Mulltuch gegeben, das man über einen großen Topf hängt. Das Abtropfen dauert recht lange – daher am besten über Nacht stehen lassen. Man sollte nicht durch Auspressen nachhelfen, da der Saft dadurch trübe werden kann. Das im Tuch zurückbleibende Fruchtmus kann zu Mus oder Konfitüre verarbeitet werden.

Am komfortabelsten ist das **Dampfentsaften** in einem speziellen Entsafter. In diesem Topf wird das Obst oder Gemüse so lange mit heißem Wasserdampf bedampft, bis die Zellen aufplatzen und der Saft austritt. Mit diesem Topf können nahezu alle Obst- und Gemüsearten entsaftet werden – wie immer lohnt sich solch eine größere Anschaffung aber nur bei regelmäßigem Gebrauch. Dampfentsaften kann man auch im Einkochtopf, Schnellkochtopf oder in einem normalen Kochtopf mithilfe spezieller Einsätze.

Zum **Kaltentsaften** gibt es Saftzentrifugen oder -pressen. Diese Methode eignet sich allerdings nur für pektinarme Früchte. Daher sollten Sie sich vor einer Anschaffung informieren, ob solch ein Gerät für die von Ihnen bevorzugten Obst- und Gemüsesorten geeignet ist.

Pektin kommt zum Beispiel in grünen Äpfeln vor und ist ein natürliches Geliermittel.

## Trocknen

Eine der ältesten und einfachsten Methoden des Konservierens ist das Trocknen. An warmen Tagen kann das Trockengut einfach im Freien (im Schatten) oder auf einem gut belüfteten **Dachboden** getrocknet werden, liegend oder auf Schnüre aufgezogen. Sie können Obst oder Gemüse auch im Backofen mit Umlufthitze trocknen, dann aber am besten auf mehreren Blechen gleichzeitig, damit sich der hohe **Energieeinsatz** lohnt.

### So geht's

- Obst und Gemüse falls nötig schälen und in Scheiben oder Stücke schneiden – je kleiner, desto schneller geht das Trocknen. Die Scheiben sollten möglichst gleich groß sein.
- Dünne, gleichmäßige Scheiben erzeugt eine Brotschneidemaschine.
- Helle Obstsorten werden vor dem Trocknen kurz in **Zitronenwasser** (etwa 10 ml Zitronensaft auf 1 l Wasser) gelegt, damit sie nicht braun werden.
- Im Backofen trocknet man mit Umluft bei etwa 60 °C. Je nach Größe und Wassergehalt des Obstes oder Gemüses dauert das fünf bis zwölf Stunden. Die Ofentür muss dabei einen Spalt breit offen bleiben, damit die Feuchtigkeit entweichen kann. Das gelingt, indem Sie beispielsweise einen Kochlöffel in die Ofentür stecken.
- Die Lebensmittel sind ausreichend getrocknet, wenn sie noch leicht elastisch sind, beim Aufschneiden aber keine feuchten Stellen mehr aufweisen. Ganz dünn geschnittene Scheiben, beispielsweise von Äpfeln oder Möhren, kann man auch zu **Chips** trocknen. Sie sollten dann beim Umbiegen brechen.
- Das Trockengut lagert man in Folienbeuteln oder randvoll verschlossenen Schraubgläsern an einem kühlen, möglichst trockenen Ort.
- Getrocknetes Obst und Gemüse ist etwa ein Jahr haltbar.

Getrocknete Möhrenchips schmecken lecker und sind gesund.

## Heißeinfüllen

Darunter fasst man die Herstellung ganz unterschiedlicher Produkte zusammen, die sich großer Beliebtheit erfreuen. **Chutneys**, **Relishes**, **Marmeladen**, **Konfitüren**, **Gelees** und

Dickere Apfelringe bleiben beim Trocknen weich und saftig, dünnere werden zu knusprigen Chips.

**Kompotte** stellen Sie her, indem Sie die Zutaten kochen und anschließend noch heiß in saubere, verschließbare Gläser abfüllen.

Der Vorteil: Sie benötigen für diese Methode keine besonderen Küchengeräte. Ein Kochtopf, ein Schaumlöffel, Einmachgläser und eventuell ein Trichter zum Einfüllen reichen aus.

**Chutneys** und **Relishes** stammen ursprünglich aus Indien, wurden von den Engländern begeistert aufgenommen und sind mittlerweile auch bei uns beliebt. Für die Zubereitung der süß-sauren Saucen werden Gemüse und/oder Obst zusammen mit Essig, Zucker und Gewürzen gekocht, bis die gewünschte Konsistenz erreicht ist. Die Grenzen zwischen den beiden Zubereitungen sind fließend – generell bezeichnet man eine Sauce, die kürzer gekocht wurde und eine stückigere Konsistenz hat, als Relish und eine länger gekochte mit kleinen, weichen Stücken als Chutney.

### Die Zubereitung von süßsauren Saucen

– Schneiden Sie bei Relishes die Zutaten besonders sorgfältig in gleich große Stücke, feiner oder gröber, je nach Wunsch.
– Chutneys werden bei geringer Hitzezufuhr ganz langsam eingekocht. Sobald die Masse dicklich geworden ist, sollten Sie gut darauf achten, dass nichts anbrennt. Daher gilt: regelmäßig umrühren.
– Das Aroma der Saucen entwickelt sich erst nach einer Ruhezeit von vier bis sechs Wochen – erst dann kann man beurteilen, ob die Geschmackskomposition gelungen ist.

Chutneys und Relishes sind drei bis sechs Monate haltbar.

Bei Marmeladen, Gelees und Konfitüren wird die konservierende Wirkung nicht nur durch das Erhitzen sondern auch durch den hohen Zuckergehalt erreicht. **Gelierzucker** hat gegenüber normalem Haushaltszucker den großen Vorteil, dass sich durch ihn die Kochzeit bedeutend verkürzt und somit die Vitamine besser erhalten bleiben.

Verwendet man Gelierzucker 1:1, kommen 1 kg küchenfertig vorbereitete Früchte auf 1 kg Gelierzucker. Mit Gelierzucker 2:1 oder 3:1 kann man Zucker und damit auch Kalorien einsparen. Allerdings ist diesen Produkten ein Konservierungsstoff zugesetzt, da der Zuckergehalt des fertigen Produktes nicht hoch genug ist, um eine längere Haltbarkeit zu erreichen.

Anstelle von Gelierzucker können Sie normalen Haushaltszucker zusammen mit **Geliermittel** in flüssiger oder Pulverform verwenden. Dadurch ist es möglich, mit der Zuckersorte zu experimentieren und anstelle von weißem Zucker braunen oder Vollrohrzucker zu verwenden.

## Kalt gerührt

**Tipp**

Besonders vitaminreich sind kalt gerührte Konfitüren. Allerdings muss man sie so lange rühren, dass sich ihre Zubereitung eigentlich nur im Mixer oder in der Küchenmaschine empfiehlt. Kalt gerührte Konfitüren sind etwa zwei Monate im Kühlschrank haltbar, können aber auch eingefroren werden.

Die Lebensmittelindustrie bietet auch Geliermittel für kalt gerührte Konfitüren an, bei denen man nur etwa eine Minute rühren muss. Allerdings sind auch hier **Konservierungsstoffe** zugesetzt.

Die Kräuter müssen sauber und gut trockengetupft sein und werden erst zum Schluss des Garprozesses beigegeben. Spirituosen erst nach dem Kochvorgang unterrühren, damit das Aroma nicht verfliegt.

Bei säurearmen Früchten kann man Zitronensaft oder Zitronensäure beigeben: Das sorgt für eine Abrundung des Geschmacks und unterstützt den Gelierprozess.

### Für die Herstellung aller Konfitüren und Gelees wichtig

– Die Mengen müssen genau abgewogen werden, damit das Verhältnis von Zucker zu Früchten stimmt.

- Die Kochzeit beginnt erst dann, wenn das Gargut sprudelnd kocht.
- Konfitüre **abschäumen**. Wenn Sie keinen Schaumlöffel haben, können Sie auch einen großen Esslöffel verwenden. Der Schaum kann Unreinheiten enthalten und sieht in den Gläsern nicht schön aus.
- Machen Sie immer eine **Gelierprobe**: Dazu eine kleine Menge der Fruchtmasse auf eine Untertasse geben. Es sollte sich rasch ein dünnes Häutchen bilden.
- Die bereits sauberen Einmachgläser und -deckel vor dem Kochen der Konfitüre noch einmal mit heißem Wasser abspülen und auf einem Küchenhandtuch abtropfen lassen (nicht von innen abtrocknen).
- Das Befüllen der Gläser geht am einfachsten mit einem Trichter, ansonsten eignet sich eine kleine Suppenkelle. Den Rand der Gläser reinigt man mit feuchtem Küchenpapier oder einem (sauberen!) angefeuchteten Spültuch.
- Die Gläser sofort verschließen und Gläser mit Schraubverschluss etwa fünf Minuten auf den Deckel stellen.
- Die Gläser beschriften und kühl und dunkel aufbewahren.

Gelees und Marmeladen sind bis zu einem Jahr haltbar.

# Säuern

Gemüse oder auch Obst in Essig einzulegen, ist eine sehr alte Methode des Haltbarmachens, die schon die Römer nutzten. Essig hemmt das Wachstum von Bakterien und Hefen, die Lebensmittel zersetzen. Um Obst oder Gemüse längerfristig allein durch Essig zu konservieren, müsste die **Essigkonzentration** mit bis zu neun Prozent allerdings so hoch sein, dass das Produkt nicht mehr schmecken würde. Daher legt man die Produkte in einem leichteren Essigsud ein, der aber doch mindestens zwei Prozent Essigsäure enthalten sollte, und erhitzt das Ganze. Dazu kann man die Gläser entweder sterilisieren oder zweimal mit dem kochend heißem Sud übergießen.

### So funktioniert's
Zum sauer Einlegen eignen sich vor allem feste Gemüsearten wie Zwiebeln, Knoblauch, Möhren, Blumenkohl, Fenchel, Sellerie, Gurken, Rote Bete, Kohl, Zucchini und Kürbisse. Auch manche Obstsorten wie Pflaumen, Pfirsiche oder Birnen schmecken sauer eingelegt sehr gut.

Durch **Vorbehandeln** des Gemüses kann der Essig seine konservierende Wirkung noch besser entfalten: Entweder das Gemüse mit Salz bedeckt 24 Stunden ziehen lassen und dann abspülen oder einige Minuten blanchieren.

Das Einlegegut in Gläser schichten und mit dem kochenden **Essigsud** (mit mindestens zwei Prozent Säure) übergießen. Der Sud kann nach Belieben mit Gewürzen und Kräutern aromatisiert werden. In manchen Rezepten werden die Zutaten auch direkt im Essigsud gegart.

Am nächsten Tag den Sud in einen Topf abgießen, nochmals aufkochen lassen und wieder in die Gläser gießen.

Das Gemüse oder Obst muss immer komplett mit Sud bedeckt sein. Eventuelle Luftblasen durch Rütteln der Gläser nach oben entweichen lassen.

Kleine Zwiebeln eignen sich hervorragend zum sauer Einlegen.

Je nach Essigkonzentration ist sauer Eingelegtes drei bis zwölf Monate haltbar. Nach dem Öffnen im Kühlschrank aufbewahren und innerhalb von zwei Wochen verbrauchen.

## Einlegen in Öl

Für diese einfache Konservierungsmethode eignen sich Gemüse, Kräuter und Käse. Das wasserfreie Öl verhindert das Wachstum von Mikroben und konserviert dadurch.

### Und so gehen Sie dabei vor
- Nur ganz frische, einwandfreie Zutaten ohne Druckstellen und Schimmel verwenden.
- Die Zutaten müssen trocken sein, sonst können sie schimmeln.
- Es dürfen sich keine Luftblasen im Öl bilden. Daher Öl und die einzulegenden Zutaten abwechselnd einfüllen und dicht einschichten. Die Lebensmittel müssen mit einer **Ölschicht** bedeckt sein.
- Gefäße verschließen und dunkel und kühl lagern.
- In Öl Eingelegtes ist drei bis vier Monate haltbar.

Das Öl nicht wegwerfen. Es schmeckt lecker als Salatsauce oder Marinade.

## Einlegen in Alkohol

Diese Methode eignet sich nur für kleinere Obstmengen – die beschwipsten Früchtchen haben einen hohen Alkohol- und Energiegehalt und können nur in Maßen konsumiert werden. Neben dem klassischen **Rumtopf** kann man so auch Zutaten für Kuchen und Desserts herstellen.

### Wichtig dabei ist
- Zum Einlegen geeignet sind hochprozentige Spirituosen wie Rum, Schnaps, Weinbrand oder Wodka.
- Je nach Größe werden die Früchte ganz gelassen oder in Stücke geschnitten und mit etwas Zucker bestreut. Sie müssen komplett mit Alkohol bedeckt sein, damit sie nicht schimmeln.
- Als Einlegegefäße eignen sich **Steinguttöpfe**, Gläser und weithalsige Flaschen.
- Die eingelegten Früchte sollten innerhalb eines Jahres verbraucht werden, da sie nach und nach hart werden.

# Rezepte für Obst und Nüsse

Reift das Obst im Garten oder auf der Wiese, schüttet die Natur ihr Füllhorn oft gleich im Überfluss aus. Jetzt gilt es, nicht zu stöhnen, sondern dankbar zu sein ob der leckeren, gesunden Gaben Und wohl dem, der diese Vielfalt an Aromen verarbeiten und konservieren kann.

# Erdbeeren – süße Frühlingsboten

Was wäre der Mai ohne rote, pralle Erdbeeren, ohne das erste heimische Obst, das im Jahreslauf erntereif wird? Das Warten auf die Ernte aus dem eigenen Garten lohnt sich auf jeden Fall, denn hier kann man die Erdbeeren dunkelrot und vollaromatisch pflücken und sofort weiterverarbeiten.

**Wann ernten?** Die Haupterntezeit für Erdbeeren ist der Mai/Juni, mehrmals tragende Sorten bringen eine zweite Ernte im Spätsommer. Die kleinen Monatserdbeeren tragen bis Oktober immer wieder neu.

Erdbeeren schmecken am aromatischsten, wenn sie voll ausgereift und rundherum rot gefärbt sind. Je kleiner die Beeren sind, desto süßer schmecken sie.

**Wie lagern?** Die Früchte bekommen rasch Druckstellen. Optimal ist es, sie direkt nach der Ernte weiterzuverarbeiten. Sie können aber auch ein bis zwei Tage im Kühlschrank – am besten nebeneinander auf Küchenpapier im Gemüsefach – aufbewahrt werden.

**Wie haltbar machen?** Einkochen, in Alkohol einlegen, einfrieren, als Konfitüre.

### Die besten Küchentipps
– Die Früchte nur kurz in kaltem bis lauwarmem Wasser waschen, auf keinen Fall länger im Wasser liegen lassen.
– Stielansatz und Kelchblätter erst nach dem Waschen entfernen, da die Erdbeeren sonst durch den Kontakt mit dem Wasser an Aroma verlieren.
– Erdbeeren erst direkt vor dem Servieren zuckern, da sie dadurch Saft verlieren und weich werden.
– Zum Einfrieren die Früchte ganz lassen. Geschmack, Form und Farbe bei Beeren bleiben besser erhalten, wenn sie mit etwas Zucker bestreut werden (etwa

100 g Zucker auf 1 kg Früchte). Sollen sie später allerdings für Konfitüre oder Kuchen verwendet werden,
friert man sie ungezuckert ein.

- Ist es wichtig, dass das Obst in Form bleibt, weil beispielsweise später eine Torte damit belegt werden soll,
legt man die Erdbeeren nebeneinander auf ein Backblech
oder großes Schneidebrett und friert sie im Tiefkühlgerät
vor, damit sie nicht aneinanderkleben und matschig werden. Die vorgefrorenen, schon harten Früchte kann man
dann wie üblich in Gefrierbehälter füllen.

- Erdbeeren können außerdem gut als Püree eingefroren
werden: Die Früchte im Mixer zerkleinern, eventuell –
falls die kleinen „Nüsschen" stören – durch ein feines
Sieb streichen. Nun pur oder mit etwas Zitronensaft und
Puderzucker aromatisiert einfrieren.

**Ruck-Zuck-Verwertung**  Frisch in ein Müsli geben, mit
Quark oder Joghurt mischen, mit Milch pürieren (Erd-
beershake), unter Grießbrei oder Milchreis mischen. Gefro-
rene Früchte unter einen Muffin- oder Rührkuchenteig heben.

**Pfiffige Rezeptideen**  Es muss nicht immer Süßes sein –
Erdbeeren harmonieren auch hervorragend mit Salzigem
oder Saurem. Sie passen gut zu grünem Spargel oder Blattsalat wie im Rezept Seite 22. Oder legen Sie die Erdbeeren
auf ein Sandwich, beispielsweise zusammen mit Salat und
Putenbrust oder Käse.

Beeren bleiben
gut in Form, wenn
man sie zunächst
auf einem Tablett
vorfriert.

### Erdbeerkonfitüre mit Basilikum

raffiniert und schnell, gut für riesige Mengen

Ergibt 3 Gläser à etwa 450 ml
Zubereitungszeit: 30 Minuten

1 kg Erdbeeren
½ EL Zitronensaft
½ Bund Basilikum
500 g Gelierzucker 2:1
½ EL abgeriebene Schale von 1 Bio-Zitrone

Die Erdbeeren waschen, trockentupfen, von den Kelchblättern befreien und in Stücke schneiden. Das Basilikum waschen, trockentupfen, die Blätter abzupfen und in feine Streifen schneiden.

Die Erdbeeren und den Zitronensaft in einem großen, breiten Topf mit dem Gelierzucker mischen und unter Rühren zum Kochen bringen. Vier Minuten sprudelnd kochen lassen. Eine Minute vor Ende der Kochzeit Basilikum und Zitronenschale unterrühren. Eine Gelierprobe machen. Den Topf von der Kochstelle ziehen, eventuell abschäumen.

Die Konfitüre sofort in die vorbereiteten, heiß ausgespülten Gläser (Twist-off-Gläser oder Gläser mit Gummiring und Bügelverschluss) füllen und verschließen. Die Gläser für 30 Minuten auf den Kopf stellen und dann wieder umdrehen. Ungeöffnet an einem trockenen, dunkeln Ort gelagert etwa ein Jahr haltbar.

### Erdbeer-Koriander-Chutney

exotisch, gut als Geschenk geeignet

Ergibt 2 Gläser à etwa 450 ml
Zubereitungszeit: 45 Minuten

500 g Erdbeeren
1 rote Chilischote
250 g Kirschtomaten
2 Zwiebeln
1 TL Koriandersamen
1 EL Rapsöl
150 ml milder Essig (z. B. Himbeeressig)
250 g brauner Zucker
Salz, Pfeffer aus der Mühle

Die Erdbeeren waschen, trockentupfen, von den Kelchblättern befreien und in Stücke schneiden. Die Chili längs aufschlitzen, entkernen und quer in feine Ringe schneiden. Die Kirschtomaten überbrühen, kalt abschrecken, enthäuten und halbieren. Die Zwiebeln schälen, halbieren und in feine Streifen schneiden. Den Koriander im Mörser zerstoßen.

Das Öl in einem breiten Topf erhitzen. Die Zwiebel darin glasig dünsten (sie darf nicht bräunen). Chili, Koriander

Feuriges Chili und exotischer Koriander harmonieren gut mit den süßen Erdbeeren.

und Tomaten dazugeben und mitdünsten. Essig und Zucker zufügen und unter Rühren aufkochen lassen. Das Ganze so lang köcheln lassen, bis sich der Zucker aufgelöst hat und die Flüssigkeit etwa um die Hälfte eingekocht ist.

Die Erdbeeren zufügen und noch etwa fünf Minuten köcheln lassen, bis das Chutney eine marmeladenartige Konsistenz hat.

Das Chutney sofort in die vorbereiteten, heiß ausgespülten Gläser (Twist-off-Gläser oder Gläser mit Gummiring und Bügelverschluss) füllen und verschließen. Die Gläser für 30 Minuten auf den Kopf stellen und dann wieder umdrehen. Ungeöffnet an einem trockenen, dunklen Ort gelagert etwa neun Monate haltbar.

**Tipp**

## Für süße Momente

Dieses süßsaure Chutney können Sie als raffinierte Ergänzung zu Fleisch- oder Wildterrinen, zu Steaks oder würzigem Käse, zum Beispiel zu spanischem Manchego, servieren.

### Rucolasalat mit Erdbeeren und Pinienkernen

**schnell, für Gäste**

Ergibt 4 Portionen
Zubereitungszeit: 25 Minuten

¼ Kopf heller Eichblattsalat
150 g Rucola
250 g Erdbeeren
30 g Pinienkerne
1 TL Dijonsenf
1 TL Honig
Salz und Pfeffer aus der Mühle
3 EL milder Essig (Weißwein- oder Himbeeressig)
6 EL natives Olivenöl extra

Die beiden Salatsorten waschen und trockenschleudern. Den Blattsalat klein zupfen, vom Rucola die Stiele abschneiden.

Die Erdbeeren waschen, putzen und vierteln. Die Pinienkerne in einer Pfanne ohne Fett rösten.

Für die Vinaigrette den Senf mit Honig, Salz und Pfeffer gut verrühren. Den Essig unterrühren, das Öl gründlich unterschlagen.

Die Vinaigrette unter die Blattsalate heben und auf einer Servierplatte anrichten. Die Erdbeeren und die Pinienkerne darauf verteilen.

Sättigender ist der Salat mit 150 g Mozzarella- oder Gorgonzolastücken.

### Erdbeer-Mango-Smoothie

**schnell, erfrischend**

Ergibt 4 Smoothies
Zubereitungszeit: 10 Minuten

400 g Erdbeeren
1 Mango
150 g Vanillejoghurt
300 ml Milch

Die Erdbeeren waschen und putzen. Das Mangofleisch in Spalten vom Stein schneiden und schälen.

Erdbeeren und Mango zusammen mit Vanillejoghurt und Milch im Mixer oder in der Küchenmaschine pürieren. In Longdrink-Gläser füllen und servieren.

Wer den Smoothie ganz kalt genießen will (so schmeckt er nämlich am besten), mixt ihn am besten mit gut gekühlten Milchprodukten und mit tiefgefrorenen, leicht angetauten Erdbeeren.

### Erdbeeren mit Pfeffer

500 g Erdbeeren
½ EL Zitronensaft
3 EL Rohrzucker
bunter (ersatzweise weißer) Pfeffer aus der Mühle
4 Kugeln Vanille- oder Erdbeereis (Fertigprodukt oder selbst gemacht, z. B. Rezept S. 24)
4 Basilikumstängel zum Garnieren

**raffiniert, fast schon ein Klassiker**

Ergibt 4 Portionen
Zubereitungs-zeit: 10 Minuten

Die Erdbeeren waschen und putzen. Große Früchte halbieren oder vierteln.

Die Erdbeeren mit Zitronensaft und Zucker mischen und auf Dessertteller verteilen. Etwas Pfeffer darübermahlen und je eine Kugel Eis neben den Erdbeeren anrichten. Mit Basilikum garniert servieren.

### Erdbeer-Granita

500 g Erdbeeren
½ EL Zitronensaft

**ganz einfach, köstlich an heißen Tagen**

Ergibt 4 Portionen
Zubereitungs-zeit: 15 Minuten

Basilikum passt nicht nur perfekt zu Tomaten, sondern auch zu Erdbeeren.

½ P. Vanillezucker
1 EL Puderzucker
200 g Erdbeeren zum Garnieren
4 Minzezweige zum Garnieren

Alle Zutaten, mit Ausnahme der Erdbeeren zum Garnieren pürieren, wie im Tipp beschrieben.

Die Erdbeersauce in einer flachen Schale oder Auflaufform für vier Stunden ins Gefrierfach stellen. Dabei jede Stunde einmal mit einer Gabel durchrühren.

Die Erdbeeren waschen und putzen, große Früchte halbieren oder vierteln, die Minze waschen und trockentupfen. Die Granita auf sechs Dessertschälchen verteilen und mit Erdbeeren und Minze garniert servieren.

## Erdbeersauce

**Tipp**

Eine Erdbeersauce herzustellen ist ganz einfach: 1 kg Erdbeeren (geputzt gewogen) in Stücke schneiden und zusammen mit 3 EL Puderzucker und einigen Spritzern Zitronensaft pürieren. Die Sauce schmeckt prima zu Desserts wie Vanilleeis oder Panna cotta und lässt sich gut einfrieren.

### Erdbeereis

**ganz einfach, schnell**

Ergibt 8 Portionen
Zubereitungszeit: 20 Minuten plus 4 Stunden zum Frieren

200 g Puderzucker
2 EL Zitronensaft
300 g süße Sahne
800 g Erdbeeren

Den Puderzucker mit dem Zitronensaft verrühren, dann nach und nach in die Sahne einrühren. Die Erdbeeren waschen und putzen. 200 g Erdbeeren in kleine Stücke schneiden und beiseite legen.

Die restlichen Erdbeeren in der Küchenmaschine oder im Mixer pürieren, dann mit der Sahnemasse verrühren. Die Erdbeerstücke unterheben.

Die Masse in einer Eismaschine zu Eis werden lassen. Wer keine Eismaschine hat, füllt die Masse in einen gefriergeeigneten Behälter. Dann für vier Stunden ins Tiefkühlgerät stellen, dabei jede halbe Stunde mit einem Schneebesen durchrühren.

# Johannisbeeren – sauer, aber vielseitig

Die roten, weißen oder schwarzen Beeren – in Österreich Ribiseln, in Schwaben Träuble genannt – schmecken jeweils unterschiedlich. Am mildesten sind die weißen Johannisbeeren, die roten sind am sauersten. Die schwarzen riechen intensiv und schmecken oftmals herb. Ihren Namen haben die Beeren vom Johannistag (24. Juni), da um diesen Termin herum die Erntezeit beginnt.

**Wann ernten?** Die Haupterntezeit erstreckt sich von Juni bis September. Die Beeren sollen eine kräftige Farbe haben, glänzend und prall aussehen. Die Früchte ernten, bevor sie schrumpelig werden.

**Wie lagern?** Die roten und weißen Johannisbeeren schimmeln rasch – vor allem, wenn die zarten Häute verletzt sind – und können daher nur ein bis zwei Tage im Kühlschrank aufbewahrt werden. Die schwarzen Sorten haben eine robustere Schale und halten sich daher bis zu vier Tage im Kühlschrank.

**Wie haltbar machen?** Einkochen, einfrieren, in Alkohol einlegen, entsaften, als Konfitüre oder Gelee.

## Die besten Küchentipps
- Die Beeren mitsamt den Stielen kurz in lauwarmem Wasser waschen. Erst nach dem Waschen von den Stielen befreien, da sie sonst zu viel Saft verlieren. Das Entrebeln geht am einfachsten, wenn man die Beeren mit einer Gabel von den Rispen abstreift.
- Bei der Zubereitung von Gelee oder Saft kann man sich das mühsame Entrebeln sparen: Die Früchte einfach mitsamt den Stielen kochen, dann in ein feines Sieb geben und den Saft abtropfen lassen und herausdrücken.
- Zum Einfrieren die Früchte ganz lassen. Geschmack, Form und Farbe bei Beeren bleiben besser erhalten,

wenn sie mit etwas Zucker bestreut werden (etwa 100 g auf 1 kg). Sollen sie später allerdings für Konfitüre oder Kuchen verwendet werden, friert man sie ungezuckert ein.

– Ist es wichtig, dass das Obst in Form bleibt, weil beispielsweise später eine Torte damit belegt werden soll, legt man die Johannisbeeren nebeneinander auf ein Backblech oder großes Schneidebrett und friert sie im Tiefkühlgerät vor, damit sie nicht aneinanderkleben und matschig werden. Die vorgefrorenen, schon harten Früchte kann man dann wie üblich in Gefrierbehälter füllen.

So geht's am schnellsten: Johannisbeeren mithilfe einer Gabel von den Rispen streifen.

– Johannisbeeren können außerdem gut als Püree eingefroren werden: Die Früchte im Mixer zerkleinern und pur oder mit etwas Zitronensaft und Puderzucker aromatisiert einfrieren.

– Aufgrund ihres hohen Pektingehalts gelieren die Früchte gut.

**Tipp**

## Mus-Genuss

Die harten und bisweilen bitteren Kerne der Johannisbeeren stören in manchen Rezepten. Die Kerne lassen sich aber leicht entfernen. Dazu müssen Sie die Johannisbeeren nur vorsichtig durch ein feines Sieb streichen. Das geht leichter, wenn die Beeren vorher kurz gekocht worden sind.

**Ruck-Zuck-Verwertung**  Frisch zum Müsli geben, mit Quark oder Joghurt mischen. Mit etwas Zucker kurz erwärmen und zu Milchreis reichen. Tiefgefrorene Johannisbeeren unter einen Muffin- oder Rührkuchenteig heben. Frische oder tiefgefrorene Früchte unter einen Pfannkuchenteig heben.

**Pfiffige Rezeptideen**  Johannisbeergelee oder -konfitüre passt sehr gut zu Lamm- oder Wildfleisch. Sie können mit dem Gelee auch sehr gut eine dunkle Sauce zu Fleisch verfeinern: einfach nach Geschmack etwas davon unter die warme Sauce rühren.

### Johannisbeer-Sirup

1 kg rote Johannisbeeren
1 Zimtstange, in Stücke gebrochen
etwa 700 g Einmachzucker

Die Johannisbeeren waschen, abtropfen lassen und von den Rispen streifen. Die Beeren zusammen mit 250 ml Wasser und der Zimtstange in einen Topf geben und aufkochen lassen. Etwa zehn Minuten kochen, bis alle Beeren aufgeplatzt sind.

Ein großes Sieb mit einem angefeuchteten Mulltuch auslegen, das Sieb in einen großen Topf hängen, Saft und Beeren hineingeben. Den Saft am besten über Nacht in den Topf ablaufen lassen.

Am nächsten Tag das Mulltuch kräftig ausdrücken. Den Einmachzucker zum Saft in den Topf geben und einige Minuten kräftig durchkochen. Sofort in sterilisierte Flaschen füllen und an einem kühlen, dunklen Ort aufbewahren. Ungeöffnet etwa zwei Jahre haltbar.

**ganz einfach, gut für riesige Mengen**

Ergibt 1 Flasche à etwa 700 ml Zubereitungszeit: 20 Minuten plus Zeit zum Entsaften über Nacht

### Johannisbeer-Gelee

ganz einfach, köstlich auch in Bratensaucen

Ergibt 3 Gläser à etwa 300 ml
Zubereitungszeit: 20 Minuten

1,5 kg rote Johannisbeeren
500 g schwarze Johannisbeeren
etwa 900 g Gelierzucker 1:1
4 EL Cassislikör

Die Johannisbeeren waschen, abtropfen lassen und von den Rispen streifen. Die Beeren entsaften. Man sollte etwa 900 ml Saft erhalten.

Den Saft abmessen und mit der entsprechenden Menge Gelierzucker – 100 g Zucker auf 100 ml Fruchtsaft – in einen großen Topf geben. Den Likör hinzufügen, aufkochen und unter Rühren vier Minuten sprudelnd kochen lassen.

Eine Gelierprobe machen.

Das Gelee sofort in die vorbereiteten, heiß ausgespülten Gläser (Twist-off-Gläser oder Gläser mit Gummiring und Bügelverschluss) füllen und verschließen. Die Gläser für 30 Minuten auf den Kopf stellen und dann wieder umdrehen. Ungeöffnet an einem trockenen, dunklen Ort gelagert etwa ein Jahr haltbar.

### Probehaut

**Tipp**

Bereits an der Konsistenz des kochenden Fruchtsafts können Sie erkennen, ob das Gelee hinterher fest wird. Dazu machen Sie eine einfache

Gelierprobe: Geben Sie etwas Fruchtmasse auf eine Untertasse. Es sollte sich rasch ein dünnes Häutchen bilden.

### Johannisbeer-Chutney

raffiniert

Ergibt 2 Gläser à etwa 450 ml
Zubereitungszeit: 20 Minuten plus Zeit zum Entsaften über Nacht

500 g rote oder weiße Johannisbeeren
1 feste Mango
1/2 Granatapfel
1 Stück frische Ingwerwurzel (etwa 50 g)
½ TL Salz
½ TL grob geschroteter Pfeffer
150 g Weißweinessig
300 g Zucker

Die Johannisbeeren waschen, abtropfen lassen und von den Rispen streifen. Das Mangofruchtfleisch in Spalten vom Stein schneiden und klein würfeln. Den Granatapfel halbie-

ren und die roten Kerne sorgfältig aus der weißen Haut herauslösen (Die zweite Hälfte des Granatapfels zum Bestreuen
eines Blattsalates verwenden.) Den Ingwer schälen und fein
reiben.

Sämtliche Zutaten in einen Topf geben, aufkochen und
rühren, bis sich der Zucker aufgelöst hat. Bei mittlerer bis
kleiner Hitze etwa eine Stunde köcheln, bis das Chutney
eine dickliche Konsistenz hat. Dabei öfter umrühren.

Das Chutney dann in die vorbereiteten, heiß ausgespülten Gläser (Twist-off-Gläser oder Gläser mit Gummiring
und Bügelverschluss) füllen und verschließen. Die Gläser
für 30 Minuten auf den Kopf stellen und dann wieder umdrehen. Ungeöffnet an einem trockenen, dunkeln Ort gelagert etwa neun Monate haltbar.

## Geduld erwünscht

**Tipp**

Lassen Sie Ihre Chutneys vor
dem Verzehr ein bis zwei Monate durchziehen, damit sich
die Aromen besser verbinden.

Auch wenn Sie mit Gewürzen
experimentieren, können Sie
erst nach dieser Zeit sagen, ob
Ihre Komposition gelungen ist.

Das säuerliche
Johannisbeer-
Chutney passt
sehr gut zu gebra-
tenem Geflügel.

# Himbeeren – himmlisch aromatisch

Die saftigen, süßen Früchte sind die aromatischsten aller Beeren und haben wegen ihres feinen Geschmacks viele Liebhaber. Die Versuchung ist also groß, sie direkt bei der Ernte zu essen. Es lohnt sich jedoch, einige für unsere Rezeptvorschläge übrig zu lassen!

**Wann ernten?** Je nach Sorte dauert die Himbeersaison von Juni bis Oktober, Haupterntezeit ist der Juli. Der optimale Erntezeitpunkt ist erreicht, wenn die Beeren durchgängig rot gefärbt sind (bzw. gelbe Sorten goldgelb) und sich leicht vom zapfenförmigen Fruchtboden lösen lassen.

**Wie lagern?** Die empfindlichen Früchte werden schnell matschig und schimmeln rasch. Im Kühlschrank sollte man sie daher höchstens 1 Tag aufbewahren, am besten nebeneinander liegend auf Küchenpapier.

## Die besten Küchentipps

- Durch Waschen verlieren die Himbeeren rasch an Saft und Form – ungespritzte Früchte aus dem Garten können Sie am besten ungewaschen verarbeiten. Wenn Sie sie doch waschen möchten: nicht unter fließendem Wasser halten, sondern in ein Sieb geben und kurz in höchstens lauwarmes Wasser tauchen.
- Beim Einfrieren bleiben Geschmack, Form und Farbe der Beeren besser erhalten, wenn sie mit etwas Zucker bestreut werden (ca. 100 g auf 1 kg).
- Möchte man sie später für Konfitüre oder Kuchen verwenden, friert man sie ungezuckert ein.
- Ist ein schönes, unversehrtes Äußeres besonders wichtig, weil die Beeren beispielsweise später für eine Torte oder zum Dekorieren benötigt werden, friert man sie zunächst nebeneinander liegend auf einem Backblech oder Schneidebrett im Tiefkühlgerät vor, damit sie nicht aneinanderkleben und matschig werden. Die vorgefrorenen,

Auch Himbeeren bleiben schön in Form, wenn man sie vorgefriert.

schon harten Früchte kann man dann wie üblich in Gefrierbehälter füllen.

- Himbeeren können außerdem gut als Püree eingefroren werden: Die Früchte im Mixer zerkleinern, eventuell durch ein feines Sieb streichen und pur oder mit etwas Zitronensaft und Puderzucker aromatisiert einfrieren.
- Ein Spritzer Zitronensaft intensiviert das feine Aroma der Himbeeren.
- Himbeeren, die roh verzehrt werden sollen, nimmt man am besten eine Stunde vorher aus dem Kühlschrank – so entfalten sie ihr Aroma besser.

**Wie haltbar machen?**  Einkochen, in Alkohol einlegen, einfrieren, als Konfitüre oder Gelee.

**Ruck-Zuck-Verwertung**  Frische Himbeeren mit Joghurt oder Quark mischen, für ein Milchmixgetränk verwenden, Grießbrei, Milchreis oder Vanillepudding damit bestreuen. Oder auf ein mit Quark oder Frischkäse bestrichenes Brötchen legen. Tiefgefrorene Himbeeren unter einen Muffin- oder Rührkuchenteig heben. Oder leicht antauen lassen und zusammen mit etwas Sahne und Puderzucker mit dem Stabmixer zu einem schnellen Eis pürieren.

**Pfiffige Rezeptideen**  Die süßen Himbeeren harmonieren gut mit jungem Blattspinat, Rucola oder einem gemischten Kräutersalat – zerdrücken Sie einige Himbeeren und rühren Sie sie unter die Vinaigrette und streuen Sie einige Beeren über den Salat.

### Kalt gerührte Himbeerkonfitüre

**ganz einfach, schnell**

Ergibt 4 Gläser à etwa 500 ml
Zubereitungszeit: 20 Minuten plus 15 Minuten Zeit zum Ruhen

1 kg Himbeeren
1 kg Gelierzucker 1:1
2 EL Zitronensaft
2 EL fein geschnittene Zitronenmelisse

Die Himbeeren waschen und gut trockentupfen. Die Früchte zusammen mit dem Gelierzucker und dem Zitronensaft am besten im Mixer (alternativ mit einem Pürierstab) pürieren. Der Zucker muss sich vollständig auflösen und die Masse binden. Anschließend etwa 15 Minuten ruhen lassen, damit sich Luftbläschen lösen.

Die Zitronenmelisse unterrühren. Die Konfitüre in die vorbereiteten, heiß ausgespülten Gläser (Twist-off-Gläser oder Gläser mit Gummiring und Bügelverschluss) füllen. Im Kühlschrank etwa vier Wochen haltbar. Sie können Sie aber auch einfrieren.

### Himbeeressig

**etwas ganz Besonderes**

Ergibt 2 Flaschen à etwa 250 ml
Zubereitungszeit: 15 Minuten plus 14 Tage Zeit zum Ziehen

20 Estragon- oder Basilikumblätter
150 g Himbeeren
500 ml Weißweinessig

Die Estragon- oder Basilikumblätter waschen und trockentupfen. Zusammen mit den ungewaschenen Himbeeren und dem Essig in eine weithalsige Flasche füllen.

Die Flasche verschließen und den Essig an einem sonnigen Platz 14 Tage ziehen lassen. Die Flasche regelmäßig schwenken. Den Essig anschließend durch einen Kaffeefilter abgießen und in eine saubere Flasche füllen. Die Flasche gut verschließen und dunkel aufbewahren.

### Himbeer-Bananen-Milch

**schnell zubereitet**

Ergibt 1 Drink
Zubereitungszeit: 10 Minuten

100 g Himbeeren
1 kleine Banane
100 ml Milch
2 TL Zucker (nach Wunsch)

Die Himbeeren waschen und trockentupfen, die Banane schälen und in Scheiben schneiden. Zusammen mit der Milch und eventuell dem Zucker im Mixer oder mit einem Pürierstab pürieren.

Himbeeren und
Kräuter verleihen
dem Essig einen
feinen Geschmack.

## Himbeer-Salatdressing

150 g Himbeeren
1 TL mittelscharfer Senf
1 TL flüssiger Honig
Salz
Pfeffer aus der Mühle
6 EL weißer Balsamico-Essig oder Himbeeressig
6 EL mildes, natives Olivenöl extra

Die Himbeeren zerdrücken, mit Senf, Honig, Salz und Pfeffer verrühren. Den Essig unterrühren und zum Schluss das Öl gründlich unterschlagen.

Wenn die kleinen Himbeerkernchen stören, kann das Dressing durch ein Sieb gestrichen werden. Dieses feine Dressing passt besonders gut zu Blattsalaten.

**ganz einfach, feinwürzig**

Ergibt 1 Portion
Dressing
Zubereitungs-
zeit: 10 Minuten

# Brombeeren – blau-schwarze Waldschätze

Die Brombeeren stammen ursprünglich aus den Wäldern der Nordhalbkugel. Sie müssen voll ausgereift sein, um ihr ganzes Aroma und ihren Höchstgehalt an wertvollen Inhaltsstoffen zu entfalten. Brombeeren enthalten viele B-Vitamine und Provitamin A.

**Wann ernten?** Die Erntesaison dauert von Juli bis Oktober mit Schwerpunkt im August. Erntereife Beeren haben eine dunkle, blauschwarze Farbe. Im Gegensatz zur Himbeere löst sich der zapfenförmige Fruchtboden bei der Ernte nicht von der Frucht. Noch nicht ganz reife Brombeeren schmecken sehr sauer!

**Wie lagern?** Reife Brombeeren sind relativ empfindlich und schimmeln schnell. Im Kühlschrank können sie – möglichst nebeneinander auf Küchenpapier liegend – ein bis zwei Tage aufbewahrt werden.

### Die besten Küchentipps
- Die Beeren nur kurz in kaltem bis lauwarmem Wasser waschen. Dabei nicht unter fließendem Wasser abspülen, sondern in ein Sieb geben und kurz in eine mit Wasser gefüllte Schüssel tauchen.
- Beim Einfrieren bleiben Geschmack, Form und Farbe bei Beeren besser erhalten, wenn sie mit etwas Zucker bestreut werden (etwa 100 g auf 1 kg). Sollen sie später für Konfitüre oder Kuchen verwendet werden, friert man sie ungezuckert ein.
- Brombeeren können außerdem gut als Püree eingefroren werden: Die Früchte im Mixer zerkleinern, eventuell durch ein feines Sieb streichen und pur oder mit etwas Zitronensaft und Puderzucker aromatisiert einfrieren.

**Wie haltbar machen?** Einkochen, in Alkohol einlegen, einfrieren, als Konfitüre oder Gelee.

## Winterbeeren

Wer auch im Winter das Aroma von Beeren genießen will, sollte sich an Brombeeren halten. Sie eignen sich besonders gut zum Einfrieren und schmecken aufgetaut wir frisch. Ist ein unversehrtes Äußeres besonders wichtig, weil sie zum Beispiel für eine Torte oder zum Dekorieren benötigt werden, friert man sie zunächst nebeneinander liegend vor. Sobald die Früchte hart sind, kann man sie wie üblich in Gefrierbehälter füllen.

**Ruck-Zuck-Verwertung** Frische Brombeeren mit Joghurt oder Quark mischen. Milchprodukte mit einem höheren Fettgehalt wie Vollmilchjoghurt oder Quark ab 10 % F. i. Tr. gleichen das herbe Aroma der Brombeeren besser aus als magere Produkte. Tiefgefrorene Brombeeren unter einen Muffin- oder Rührkuchenteig heben.

In einem Brombeer-Birnen-Crumble (Rezept wie S. 61) ergänzt die milde Birne die herbe Brombeere.

**Pfiffige Rezeptideen**  Brombeerkonfitüre passt gut zu Wild- oder Lammbraten. Richten Sie die Konfitüre in pochierten Birnenhälften an – das sieht sehr edel aus und schmeckt toll. Die milden Birnen sind generell ein guter Partner für die kräftig-herben Brombeeren, beispielsweise auf einer Tarte oder in einem süßen Auflauf.

### Brombeer-Sirup

1 kg Brombeeren
100 g Zucker
einige Streifen dünn abgeschälte Schale von einer Bio-Zitrone
etwa 700 g Gelierzucker

**ganz einfach, köstlich mit Sekt**

Ergibt 1 Flasche à etwa 700 ml
Zubereitungs- zeit: 20 Minuten plus 1 Stunde zum Ziehen

Die Brombeeren waschen und abtropfen lassen. Zusammen mit etwa 100 ml Wasser, 100 g Zucker und der Zitronen- schale in einen Topf mischen und 30 Minuten ziehen lassen. Dann eine Minute sprudelnd kochen, vom Herd nehmen und eine Stunde im Topf ziehen lassen.

Die Brombeermasse in ein mit einem Mulltuch ausgeleg- ten Sieb geben und abtropfen lassen, dabei die Masse im- mer wieder mit den Händen ausdrücken.

Den Saft abmessen, in einen sauberen Kochtopf geben und für je 100 ml Saft 100 g Gelierzucker zufügen. Den Saft aufkochen und etwa zwei Minuten sprudelnd kochen las- sen. Dabei abschäumen und darauf achten, dass die Masse nicht zu gelieren beginnt.

Den Sirup mithilfe eines Trichters in vorbereitete, heiß ausgespülte Flaschen füllen und sofort verschließen. An ei- nem dunklen, kühlen Ort etwa zwei Jahre haltbar.
Schmeckt köstlich mit Mineralwasser, Eiwürfeln und einer Zitronenscheibe oder als Aperitif mit Sekt.

### Beereneis am Stiel

225 g Brombeeren
225 g Erdbeeren oder Himbeeren
100 g Joghurt
200 g Sahne
6 EL Rohrzucker

**ganz einfach, schmeckt nicht nur Kindern**

Ergibt 8 Eispor- tionen
Zubereitungs- zeit: 20 Minuten plus 2–3 Stunden Gefrierzeit

Die Früchte waschen und gut trockentupfen. Zusammen mit Joghurt und Sahne im Mixer oder mit dem Pürierstab pürie- ren und durch ein Sieb streichen, um die Kernchen zu ent- fernen. Den Zucker gründlich unterrühren.

Schnell gemacht mit ausschließlich natürlichen Zutaten ist das Beereneis am Stiel.

Die Masse in Förmchen für Eis am Stiel (à etwa 70 ml Fassungsvermögen) füllen Den Stieleinsatz eindrücken und die Förmchen im Tiefkühlfach zwei bis drei Stunden gefrieren lassen.

## Beeren eiskalt

**Tipp**

Dieses Eis schmeckt mit allen Beeren – lassen Sie beim Kombinieren Ihrer Phantasie freien Lauf! Die Zuckermenge können Sie je nach Süße der Früchte anpassen.

# Stachelbeeren – robuste Schale, süßer Kern

Hätten Sie vermutet, dass Stachelbeeren die Beerensorte mit dem zweithöchsten Zuckergehalt sind, nur noch übertroffen von den Tafeltrauben? Reife Stachelbeeren schmecken angenehm ausgewogen, weder zu süß noch zu sauer. Ihre säuerliche Note rührt von ihrem Gehalt an Apfel- und Zitronensäure her.

**Wann ernten?** Erntesaison ist im Juli und August. Die roten Sorten sollten durchgängig hellrot gefärbt sein, bei den grünen gibt die Farbe keinen Aufschluss über den Reifezustand. Die Reife erkennt man generell an der Größe der Früchte. Außerdem sollten Stachelbeeren auf Druck leicht nachgeben, aber noch nicht zu weich sein. Hart und unreif schmecken sie sauer.

**Wie lagern?** Stachelbeeren, vorausgesetzt ihre Haut ist unverletzt, kann man im Kühlschrank bis zu vier Tage aufbewahren. Danach verderben Sie zwar nicht sofort, verlieren aber nach und nach ihre pralle Form.

### Die besten Küchentipps
- Die Beeren nur kurz in kaltem bis lauwarmem Wasser waschen. Anschließend Blüten- und Stielansätze abknipsen.
- Tipps zum Einfrieren: siehe „Brombeeren" (Seite 34). Zum Einfrieren als Püree eignen sich die Stachelbeeren wegen ihrer festen Haut allerdings nicht so gut.
- Aufgrund ihres hohen Pektingehalts gelieren die Früchte gut.

**Wie haltbar machen?** Einkochen, einfrieren, als Konfitüre oder Gelee.

**Ruck-Zuck-Verwertung** Frische Stachelbeeren schmecken zu Vanillesauce oder -pudding.

Die sonnig gelbe Stachelbeerkonfitüre zaubert in der dunklen Jahreszeit warmes Licht.

**Pfiffige Rezeptideen**  Stachelbeeren machen sich gut in einer süß-sauren Sauce zu Schweine- oder Kalbsbraten.

### Stachelbeerkonfitüre mit Minze
1 kg Stachelbeeren
500 g Gelierzucker 2:1
6 Minzezweige (alternativ Basilikumzweige)

Die Stachelbeeren waschen und putzen, dann im Mixer pürieren. Das Püree in einem Topf mit dem Gelierzucker verrühren und drei Stunden ziehen lassen.

Die Minze waschen, trockentupfen, die Blättchen abzupfen und fein hacken. Das Stachelbeerpüree unter Rühren aufkochen und vier Minuten unter ständigem Rühren sprudelnd kochen. Gegen Ende der Kochzeit die Minze hinzufügen.

Die Konfitüre sofort in die vorbereiteten, heiß ausgespülten Gläser (Twist-off-Gläser oder Gläser mit Gummiring und Bügelverschluss) füllen und verschließen. Die Gläser für 30 Minuten auf den Kopf stellen und dann wieder umdrehen. Ungeöffnet an einem trockenen, dunklen Ort gelagert etwa ein Jahr haltbar.

**raffiniert, für ein Sonntagsfrühstück im Sommer**

Ergibt 3 Gläser à etwa 450 ml
Zubereitungszeit: 30 Minuten plus 3 Stunden Zeit zum Ziehen

## Stachelbeersauce

**passt gut zu
hellem Fleisch**
Ergibt 3 Gläser
à etwa 250 ml
Zubereitungs-
zeit: 30 Minuten

500 g rote Stachelbeeren
3 Schalotten
6 cm frische Ingwerwurzel (etwa 50 g)
2 EL Öl
1 TL getrocknete, zerbröselte Chilischote
150 ml Weißweinessig
250 g Gelierzucker 2:1
Salz und Pfeffer aus der Mühle

Die Stachelbeeren waschen, putzen und halbieren. Schalotten und Ingwerwurzel schälen und fein hacken.

Das Öl in einem Topf erhitzen, Schalotten, Knoblauch
und Ingwer darin anschwitzen. Stachelbeeren dazugeben
und kurz mit andünsten. 200 ml Wasser und den Essig angießen und die Beeren bei mittlerer Hitze etwa 15 Minuten
köcheln, bis sie weich sind.

Den Gelierzucker unter die Stachelbeersauce rühren und
sprudelnd vier Minuten kochen. Dann mit Salz und Pfeffer
abschmecken und sofort in die vorbereiteten, heiß ausgespülten Gläser (Twist-off-Gläser oder Gläser mit Gummiring
und Bügelverschluss) füllen und verschließen. Die Gläser
für 30 Minuten auf den Kopf stellen und dann wieder umdrehen.

## Grüne Grütze

**ganz einfach,
der Klassiker in
Grün**
Ergibt 4 Portio-
nen als Dessert
Zubereitungs-
zeit: 20 Minuten
plus 4 Stunden
Kühlzeit

150 g Stachelbeeren
150 g kernlose Weintrauben
2 gehäufte TL Speisestärke
200 ml heller Traubensaft
70 g Zucker

Die Stachelbeeren waschen, putzen und halbieren. Die
Weintrauben waschen. Die Speisestärke mit wenig kaltem
Wasser anrühren.

Früchte, Saft und Zucker in einen Topf geben und aufkochen lassen. Zugedeckt bei milder Hitze etwa fünf Minuten
köcheln lassen. Die Speisestärke dazugeben, unter Rühren
aufkochen lassen und die Grütze in einer Servierschüssel
zunächst bei Raumtemperatur und dann im Kühlschrank
abkühlen lassen.

Servieren Sie dazu Vanillesauce oder -joghurt.

# Süß- und Sauerkirschen – prallrote Köstlichkeiten

Bei Süßkirschen ist die Versuchung groß, sie direkt vom Baum zu essen. Die sauren Kirschen entfalten ihr ganzes Potential dagegen meist erst, wenn sie zu Kompott oder Marmelade verarbeitet oder gegart werden.

**Wann ernten?** Es gibt früh und spät reifende Sorten, die Erntezeit erstreckt sich auf etwa acht Wochen. Sie beginnt mit frühen Süßkirschensorten Ende Mai, ein paar Wochen später reifen die ersten Sauerkirschen. Erntereife Früchte sind groß, prall und kräftig gefärbt – je nach Sorte gelbrot oder dunkelrot. Sie können bei starkem Regen rasch platzen. Kirschen immer mit Stiel ernten, damit sie keinen Saft verlieren.

**Wie lagern?** Kirschen mit unverletzter Haut bleiben im Kühlschrank zwei bis drei Tage lang frisch. Sie können durchaus bis zu fünf Tagen im Kühlschrank lagern, verlieren aber dann ihr pralles Aussehen und eignen sich eher für gegarte Gerichte.

**Wie haltbar machen?** Einkochen, in Alkohol einlegen, einfrieren, als Konfitüre oder Gelee.

## Die besten Küchentipps
- Die Kirschen in lauwarmem Wasser waschen, erst anschließend den Stiel entfernen. Beim Entsteinen hilft ein spezieller Kirsch-Entsteiner.
- Kirschen werden entsteint eingefroren.
- Ist ein schönes, unversehrtes Äußeres besonders wichtig, weil die Kirschen zum Beispiel später für eine Torte oder zum Dekorieren benötigt werden, friert man sie zunächst nebeneinander liegend auf einem Backblech oder Schneidebrett im Tiefkühlgerät vor, damit sie nicht aneinanderkleben und matschig werden. Die vorgefrorenen, schon harten Früchte kann man dann wie üblich in Gefrierbehälter füllen.

**Ruck-Zuck-Verwertung**  Frische Süßkirschen können über ein Müsli gestreut werden, eignen sich für Quark- und Joghurtspeisen und schmecken zu Milchreis oder Grießbrei.

Tiefgefrorene Süß- und Sauerkirschen können gefroren unter einen Rührkuchen- oder einen Pfannkuchenteig gerührt werden oder mit etwas Zucker und Zitronensaft zu einer schnellen Fruchtsauce gekocht werden.

**Pfiffige Rezeptideen**  Sauerkirschen sind gute Begleiter zu Wildgerichten oder gebackenem Camembert, ob als Konfitüre oder Gelee. Frische Sauerkirschen können Sie auch in eine dunkle Sauce zu Fleisch geben. In Desserts und Kuchen harmonieren Kirschen sehr gut mit Schokolade.

### Sauerkirschkompott

etwa 1,8 kg Sauerkirschen (1,5 kg entsteint gewogen)
200 g Einmachzucker
1 TL Nelkenpulver
2 TL gemahlener Zimt

Die Sauerkirschen waschen, entstielen, entsteinen und 1,5 kg abwiegen.

500 ml Wasser mit dem Einmachzucker und den Gewürzen aufkochen und unter Rühren köcheln, bis sich der Zucker vollständig aufgelöst hat  Die vorbereiteten Kirschen hinzufügen und kurz im Sud erhitzen.

Das Ganze in vorbereitete Einmachgläser schichten und 30 Minuten bei 80 °C sterilisieren.

### Rote Grütze

250 g Sauerkirschen (entsteint gewogen)
100 g rote Johannisbeeren
50 g schwarze Johannisbeeren
100 g Himbeeren
50 ml Kirschsaft
3 EL Speisestärke

Die Früchte waschen, die Kirschen entstielen und entsteinen, die Johannisbeeren von den Rispen zupfen.

Die Früchte mit Kirschsaft und 250 ml Wasser aufkochen. Die Speisestärke in etwas kaltem Wasser anrühren und vorsichtig unter die kochenden Früchte rühren. Kurz aufkochen lassen und vom Herd ziehen.

---

Linke Seite:
Geht schnell: Einfach tiefgefrorene Kirschen unter einen hellen oder dunklen Rührkuchenteig heben.

**ganz einfach, geeignet für große Mengen**
Ergibt 3 Gläser à etwa 700 ml
Zubereitungszeit: 20 Minuten plus 30 Minuten Einkochzeit

**schnell, ein echter Klassiker**
Ergibt 4 Portionen als Dessert
Zubereitungszeit: 30 Minuten plus 4 Stunden Kühlzeit

Die rote Grütze in eine Servierschüssel füllen und zunächst bei Raumtemperatur, dann im Kühlschrank abkühlen lassen.

## Lecker rot-weiß

Tipp

Rote Grütze schmeckt mit ihrem klassischen Begleiter, der flüssigen Sahne, am besten. Die Sahne können Sie auch mit kalter Vollmilch im Verhältnis 1:1 mischen – das ist fettärmer und schmeckt genauso gut wie Sahne pur. Auch Vanilleeis oder Vanillesauce passen gut zur Roten Grütze.

### Kirsch-Johannisbeer-Konfitüre

**unkompliziert, gut für riesige Mengen**

Ergibt 4 Gläser à etwa 550 ml
Zubereitungszeit: 30 Minuten plus 2 Stunden Zeit zum Ziehen

1,2 kg Süßkirschen (1 kg entsteint gewogen)
500 g rote Johannisbeeren
750 g Gelierzucker 2:1
Saft von 1 Zitrone
6 EL Kirschwasser oder -likör (nach Belieben)

Die Kirschen waschen, entstielen, entsteinen und 1 kg abwiegen. Die Johannisbeeren waschen, von den Rispen streifen. Die Früchte in einen Topf geben, gut mit dem Gelierzucker verrühren und etwa zwei Stunden ziehen lassen.

Das Obst mit dem Pürierstab grob pürieren, dabei sollte etwa die Hälfte der Früchte ganz bleiben. Den Zitronensaft zufügen und das Püree unter Rühren sprudelnd aufkochen lassen.

Das Ganze vier Minuten sprudelnd kochen lassen. Eine Minute vor Ende der Kochzeit, falls gewünscht, den Kirschschnaps oder -likör unterrühren. Eine Gelierprobe machen. Den Topf von der Kochstelle ziehen, eventuell abschäumen.

Die Konfitüre sofort in die vorbereiteten, heiß ausgespülten Gläser (Twist-off-Gläser oder Gläser mit Gummiring und Bügelverschluss) füllen und verschließen. Die Gläser für 30 Minuten auf den Kopf stellen und dann wieder umdrehen. Ungeöffnet an einem trockenen, dunklen Ort gelagert etwa ein Jahr haltbar.

# Mirabellen – goldgelb und zuckersüß

Mirabellen, Zwetschgen, Pflaumen und Renekloden (auch
Reineclauden oder Ringlotten) sind eng miteinander ver-
wandt und tragen denselben botanischen Namen *Prunus do-
mestica*. Die bei Hobbygärtnern beliebten Mirabellen schmecken besonders süß.

**Wann ernten?**  Die Erntesaison dauert von Juli bis September. Je nach Sorte sind die reifen Früchte grüngelb, goldgelb oder orangegelb gefärbt.

**Wie lagern?**  Mirabellen können im Kühlschrank zwei bis
drei Tage aufbewahrt werden. Danach verderben sie zwar
nicht sofort, verlieren aber ihre pralle Form und eignen sich
eher für gegarte Gerichte.

**Wie haltbar machen?**  Einkochen, in Alkohol einlegen, einfrieren, als Konfitüre.

### Die besten Küchentipps
- Die Mirabellen in lauwarmem Wasser waschen. Das Entsteinen gelingt am besten mit einem kleinen, scharfen
  Gemüsemesser.
- Die Mirabellen entsteint einfrieren.
- Ist ein schönes, unversehrtes Äußeres besonders wichtig,
  weil die Mirabellen beispielsweise später für eine Torte
  oder zum Dekorieren benötigt werden, friert man sie zunächst nebeneinander liegend auf einem Backblech oder
  Schneidebrett im Tiefkühlgerät vor, damit sie nicht aneinanderkleben und matschig werden. Die vorgefrorenen,
  schon harten Früchte kann man dann wie üblich in Gefrierbehälter füllen.

**Ruck-Zuck-Verwertung**  Tiefgefrorene Mirabellen können
Sie gefroren unter einen Rührkuchenteig heben.

**Pfiffige Rezeptideen**  Die Mirabellen in einem Currygericht mit hellem Fleisch wie Pute, Kalb oder Schwein mitgaren.

## Mirabellenkompott
etwa 1,7 kg Mirabellen (1,5 kg entsteint gewogen)
2 Zimtstangen
200 g Einmachzucker

Die Mirabellen waschen, entstielen und entsteinen und 1,5 kg abwiegen. Die Zimtstangen in der Mitte durchbrechen.

500 ml Wasser mit dem Einmachzucker und den Gewürzen aufkochen und unter Rühren köcheln, bis sich der Zucker vollständig aufgelöst hat. Die vorbereiteten Kirschen hinzufügen und kurz im Sud erhitzen.

Das Ganze in vorbereitete Einmachgläser schichten und 30 Minuten bei 80 °C sterilisieren. Das Kompott an einem kühlen, dunklen Ort lagern. Ungeöffnet etwa ein Jahr haltbar.

**ganz einfach, gut zum Verschenken**

Ergibt 3 Gläser à etwa 700 ml
Zubereitungszeit: 20 Minuten plus 30 Minuten Einkochzeit

## Mirabellensirup
3 EL gehackte Minzeblättchen
abgeriebene Schale und Saft von 2 Bio-Orangen
2 kg Mirabellen
etwa 1500 g Gelierzucker

Die Minzeblätter und Orangenschale in ein Musselinsäckchen geben und fest mit Küchengarn zubinden. Die Früchte waschen und abtrocknen. Zusammen mit Zucker und Orangensaft in einen großen Topf geben.

Den Topfinhalt zum Kochen bringen, das Musselinsäckchen zufügen. Das Ganze etwa 40 Minuten unter Rühren köcheln lassen.

Die Fruchtmasse in ein feinmaschiges Sieb geben und in einen Topf passieren, Haut und Kerne wegwerfen. Das Musselinsäckchen gut über dem Sirup ausdrücken, um noch Aroma herauszulösen.

Den Sirup im Topf kurz aufkochen lassen und dann sofort in vorbereitete, sterilisierte Flaschen geben und diese verschließen. Ungeöffnet an einem kühlen, dunklen Ort etwa zwei Monate haltbar.

**raffiniert, schmeckt Kindern**

Ergibt 2 Flaschen à etwa 700 ml
Zubereitungszeit: 1 Stunde

Linke Seite: Mirabellen schmecken auch als Konfitüre köstlich (Gelierzucker im Verhältnis 2:1 oder 3:1).

**tolles Geschenk, gut für große Mengen geeignet**

Ergibt 4 Flaschen à etwa 700 ml
Zubereitungszeit: 30 Minuten plus 2 Wochen zum Ziehen und 6 Wochen zum Ruhen

### Mirabellen-Likör

1,2 kg Mirabellen
900 g Zucker
200 ml Weingeist
600 ml Marillenschnaps
4 Zweige Zitronenmelisse
2 Kardamomkapseln

Die Mirabellen waschen und entsteinen. Mit dem Zucker und etwas Wasser in einem Topf kochen, bis sich der Zucker aufgelöst hat. Abschäumen.

Den Mirabellensud in einen großen Glasbehälter geben. Den Weingeist und den Marillenschnaps zufügen. Die Zitronenmelisse waschen, trockentupfen und zusammen mit dem Kardamom in die Flasche geben.

Den Ansatz zugedeckt an einem hellen Ort etwa zwei Wochen ziehen lassen, dabei ab und zu umrühren.

Anschließend die Früchte herausnehmen, den Likör durch einen Filter gießen, die Reste mit der Hand ausdrücken.

Sofort in sterilisierte Flaschen füllen und verschließen. Kühl und dunkel aufbewahren, vor dem Genuss sechs Wochen durchziehen lassen. Ungeöffnet ist der Likör etwa ein Jahr haltbar.

# Pflaumen und Zwetschgen – violette Sommerboten

Zwetschen sind länglich-oval und haben ein spitzes Ende, Pflaumen sind rundlicher geformt und meist etwas größer. Bei beiden gibt es eine riesige Sortenvielfalt.

**Wann ernten?**  Die Erntezeit ist von der Sorte abhängig: frühe Sorten sind ab Mitte Juli reif, späte können bis Anfang Oktober geerntet werden. Die Früchte sollten prall, am Stielansatz noch nicht schrumpelig und– je nach Sorte – blau-violett oder rot-violett gefärbt sein. Am besten zur Probe eine Frucht aufschneiden: Das Fruchtfleisch sollte goldgelb sein. Pflaumen und Zwetschgen, deren Fleisch noch einen Grünstich hat, sind noch nicht ausgereift und schmecken sauer.

**Wie lagern?**  Die Früchte sollten ungewaschen, also mit ihrem weißen Belag, im Kühlschrank aufbewahrt werden. So können sie drei bis vier Tage lagern, danach beginnen sie, schrumpelig zu werden, eignen sich aber noch zum Garen. Früchte mit Rissen in der Haut schimmeln schnell.

**Wie haltbar machen?**  Einkochen, in Alkohol einlegen, einfrieren, trocknen, als Konfitüre oder Mus.

### Die besten Küchentipps
- Pflaumen und Zwetschgen sind mit einem weißen Reif oder Duftfilm überzogen, der die Früchte vor dem Austrocknen schützt. Wer sich daran stört, kann diesen Belag abwischen, dies sollte aber erst unmittelbar vor dem Verzehr geschehen. Durch Waschen kann er nicht entfernt werden.
- Die Früchte am besten mit einem kleinen, scharfen Gemüsemesser entsteinen: Längs der Naht aufschneiden, die Hälften auseinanderklappen und den Stein herausnehmen.

Jede Zwetschge
wird längs aufge-
schnitten und
entsteint.

– Pflaumen und Zwetschgen eignen sich sehr gut zum Einfrieren. Vorher werden sie entsteint. Möchte man die
  Früchte später als Kuchenbelag verwenden, sollten sie
  vor dem Einfrieren entsprechend vorbereitet werden:
  Dazu halbieren und an den Spitzen etwa um ein Drittel
  fächerartig einschneiden.

**Ruck-Zuck-Verwertung** Klein schneiden und unter ein
Müsli oder einen Joghurt mischen. Zusammen mit einer
Zimtstange, etwas Wasser und Zucker können Sie aus Pflau-
men oder Zwetschgen auch ein schnelles Kompott kochen.

**Pfiffige Rezeptideen** Pflaumen werden in der Regionalkü-
che oftmals mit Kartoffeln kombiniert, zum Beispiel als Füllung in Zwetschgenknödeln oder in der pfälzischen Spezia-
lität „Zwetschgenkuchen und Kartoffelsuppe". Sie eignen
sich auch als Füllung für Braten.

**gut für riesige
Mengen**
Ergibt 5 Gläser
à etwa 500 ml
Zubereitungs-
zeit: 2 ½ Stunden

### Zwetschgenmus
3 kg Spätzwetschgen
500 g Gelierzucker 1:1
3 Zimtstangen
abgeriebene Schale von 1 Bio-Zitrone
2 EL Zwetschgenwasser (nach Belieben)

Die Pflaumen waschen, entsteinen und im Mixer zerkleinern. Die Zimtstangen halbieren. Pflaumenmasse zusammen mit Zucker, Zimt und Zitronenschale in der Fettpfanne des Backofens verteilen.

Bei 160 °C im Backofen etwa zwei Stunden einkochen. Es soll ein zähes Mus entstanden sein. Während der Garzeit mehrmals umrühren.

Nach Wunsch das Zwetschgenwasser in das heiße Mus rühren. Das Mus sofort in die vorbereiteten, heiß ausgespülten Gläser (Twist-off-Gläser oder Gläser mit Gummiring und Bügelverschluss) füllen und verschließen. Die Gläser für 30 Minuten auf den Kopf stellen und dann wieder umdrehen. Ungeöffnet an einem trockenen, dunkeln Ort gelagert etwa ein Jahr haltbar.

## Zwetschgenessig

250 g Zwetschgen
schwarze Pfefferkörner
4 Wacholderbeeren
2 Zweige Estragon
500 ml Rotweinessig

Die Zwetschgen waschen, abtrocknen, längs aufschneiden und entkernen. Die Gewürze im Mörser grob zerstoßen. Den Estragon waschen, trockentupfen und die Blätter abzupfen.

Die vorbereiteten Zutaten in eine weithalsige Flasche geben und mit dem Essig aufgießen.

Die Flasche verschließen und an einem warmen Ort vier Wochen ziehen lassen, dabei öfter schwenken.

Den Essig filtern, in eine saubere Flasche füllen und luftdicht verschließen. An einem kühlen, dunklen Ort aufbewahren.

**raffiniert schnell**

Ergibt 2 Flaschen à etwa 250 ml
Zubereitungszeit: 15 Minuten plus 4 Wochen Zeit zum Ziehen

## Fruchtgenuss

**Tipp**

Dieser kräftige Essig schmeckt zu geschmacksintensiven Blattsalaten, beispielsweise Römersalat oder Eichblattsalat oder zu Rotkohlrohkost. Er eignet sich auch für Fleischmarinaden, zum Beispiel für Lamm oder Rind.

### Zwetschgen mit Zimt und Sternanis

**ganz einfach, gut für große Mengen geeignet**

3 kg Spätzwetschgen
6 Zimtstangen
6 Sternanis
750 g Zucker

Ergibt 7 Gläser à etwa 700 ml
Zubereitungszeit: 45 Minuten

Die Zwetschgen waschen, längs aufschneiden und entsteinen. In sieben vorbereitete, sterilisierte Einmachgläser geben. Zimt und Sternanis auf die Gläser verteilen.

Den Zucker mit 2,5 l Wasser in einem Topf verrühren und aufkochen, bis sich der Zucker aufgelöst hat.

Die Zuckerlösung auf die Einmachgläser verteilen, sie sollten bis etwa 2 cm unter den Rand gefüllt und die Früchte vollständig bedeckt sein. Das Kompott 30 Minuten bei 90 °C sterilisieren. Das Kompott an einem kühlen, dunklen Ort lagern. Ungeöffnet etwa ein Jahr haltbar.

Besonders gut passen weihnachtliche Gewürze wie Zimt, Sternanis oder Kardamom.

# Pfirsiche und Aprikosen – samtigsüß

Pfirsich- und Aprikosenbäume blühen schon früh im Jahr und sind daher durch Nachtfröste gefährdet. Deshalb werden bei uns meist nur in milden Gegenden mit Weinklima kultiviert. Sie belohnen den Hobbygärtner dann allerdings mit vollreifen Früchten, die im Handel so kaum erhältlich sind.

**Wann ernten?** In den Hochsommermonate Juli und August ist die Haupterntezeit. Für beide Obstsorten gilt: Die Früchte sollten kein grünliches Fruchtfleisch mehr haben, sondern je nach Sorte hellgelb bis orangerot (Aprikosen) oder gelb bis rot (Pfirsiche) sein. Sie sollten sich nicht hart anfühlen, sondern bei Druck leicht nachgeben. Beim Pflücken lösen sich reife Früchte leicht vom Baum.

**Wie lagern?** Pfirsiche und Aprikosen sind sehr druckempfindlich. Sie können im Kühlschrank bis zu drei Tage, am besten auf Küchenpapier, aufbewahrt werden.

**Wie haltbar machen?** Einkochen, in Alkohol einlegen, trocknen, einfrieren, als Konfitüre.

### Die besten Küchentipps
– Die Früchte in lauwarmem Wasser waschen. Das Entsteinen gelingt am besten mit einem kleinen, scharfen Gemüsemesser. Aprikosen entlang ihrer Naht einschneiden und den Stein entfernen. Bei manchen Pfirsichsorten löst sich der Stein schlecht vom Fruchtfleisch, in diesem Fall das Fleisch in Segmenten vom Stein abschneiden.
– Für manche Gerichte werden enthäutete Pfirsiche oder Aprikosen benötigt: Dazu die Früchte an der dem Stielansatz gegenüber liegenden Seite kreuzweise einritzen, kurz mit kochendem Wasser überbrühen und kalt abschrecken. Die Haut lässt sich dann mit einem Messer abziehen.

– Die Früchte eignen sich gut zum Einfrieren, vorher werden sie entsteint.
– Enthäutete Pfirsiche oder Aprikosen können auch sehr gut als Püree eingefroren werden, nach Geschmack mit etwas Zitronensaft und Puderzucker aromatisiert.
– Früchte, die roh verzehrt werden, sollten mindestens eine Stunde vorher aus dem Kühlschrank herausgenommen werden, damit sie ihr Aroma entfalten.

**Ruck-Zuck-Verwertung**  Frische Aprikosen und Pfirsiche in Spalten schneiden und mit Joghurt oder Quark servieren. Sehr lecker in Kombination mit Johannisbeeren. Aus tiefgefrorenem Fruchtpüree kann eine schnelle Dessertsauce, beispielsweise zu Eis, zubereitet werden.

Aprikosen und Geflügelfleisch gehen eine unwiderstehliche Verbindung ein.

**Pfiffige Rezeptideen**  Pfirsiche und Aprikosen passen sehr gut zu Currygerichten mit Geflügel- oder Schweinefleisch. Die enthäuteten Früchte einfach gegen Ende der Garzeit in die Sauce geben und kurz erwärmen. Pfirsiche eignen sich auch sehr gut dafür, gegrillt oder im Ofen überbacken zu werden.

## Pfirsiche in Rum

1 kg Pfirsiche
350 g feiner Zucker
700 ml weißer Rum oder Brandy

Die Pfirsiche an der dem Stielansatz gegenüberliegenden Seite kreuzweise einritzen, eine Minute mit heißem Wasser überbrühen, enthäuten und in Spalten schneiden. Die Pfirsiche auf vorbereitete, sterilisierte Einmachgläser verteilen.

Den Zucker und den Rum auf die Einmachgläser verteilen. Die Gläser vorsichtig auf eine Arbeitsfläche stoßen, damit eventuelle Luftblasen entweichen. Die Gläser verschließen und öfter wenden, damit sich der Zucker auflöst. An einem kühlen, dunklen Ort etwa zwei Monate durchziehen lassen. Die Pfirsiche sind ungeöffnet etwa ein Jahr haltbar.

### Süßer Schwips   Tipp

Die Rum-Pfirsiche können zu Eis oder Cremes gereicht werden. Verwenden Sie die abgetropften, in Stücke geschnittenen Früchte doch mal für einen Rührkuchen. Das schmeckt raffiniert und lecker. Aber denken Sie daran: Wenn Kinder mitessen, müssen die Pfirsiche im Glas bleiben.

## Aprikosen-Ingwer-Konfitüre

1 kg Aprikosen
½ EL Zitronensaft
500 g Gelierzucker 2:1
50 g frische Ingwerwurzel

Die Aprikosen waschen, halbieren, entsteinen und in Stücke schneiden. Den Ingwer schälen und fein würfeln (oder durch eine Knoblauchpresse drücken).

Die Aprikosen und den Zitronensaft in einem großen, breiten Topf mit dem Ingwer und dem Gelierzucker mischen. Drei Stunden ziehen lassen, dann mit dem Pürierstab die Hälfte der Früchte pürieren.

Alles aufkochen und vier Minuten sprudelnd kochen lassen. Eine Gelierprobe machen. Den Topf von der Kochstelle ziehen, eventuell abschäumen.

Die Konfitüre sofort in die vorbereiteten, heiß ausgespülten Gläser (Twist-off-Gläser oder Gläser mit Gummiring und

Die Süße der Aprikosen wird durch den scharfen Ingwer raffiniert ergänzt.

Bügelverschluss) füllen und verschließen. Die Gläser für 30 Minuten auf den Kopf stellen und dann wieder umdrehen. Ungeöffnet an einem trockenen, dunklen Ort gelagert etwa ein Jahr haltbar.

Diese Konfitüre schmeckt auch mit Erdbeeren (oder Erdbeeren und Aprikosen halb und halb) sehr gut.

### Pfirsiche mit Amaretto

**schnell, raffiniert**

Ergibt 4 Portionen
Zubereitungszeit: 20 Minuten plus 4 Stunden zum Durchziehen

6 feste Pfirsiche
350 g Zucker
3 EL Amarettolikör
Schalenstreifen von 1 Bio-Orange
250 ml frisch gepresster Orangensaft
1 Vanilleschote, längs aufgeschlitzt und das Mark herausgekratzt
4 EL gehobelte Mandeln (nach Wunsch)

Die Pfirsiche an der dem Stielansatz gegenüberliegenden Seite kreuzweise einritzen, eine Minute mit heißem Wasser überbrühen, enthäuten und halbieren. Die Pfirsiche in eine eckige Auflaufform legen.

Den Zucker mit 200 ml Wasser, Amaretto, Orangenschale und -saft, Vanillemark und -schote verrühren. Alles aufkochen lassen und unter Rühren kurz köcheln lassen, bis sich der Zucker aufgelöst hat. Die Vanilleschote entfernen.

Die Pfirsiche mit dem Sirup übergießen und etwa vier Stunden ziehen lassen.

Mandeln in einer Pfanne ohne Fett rösten und die Pfirsiche damit bestreut servieren.

## Aprikosensauce

1 kg Aprikosen
1 EL Zitronensaft
1 P. Vanillezucker
3 EL Puderzucker

**ganz einfach, vielseitig**
Ergibt 6 Portionen
Zubereitungs-
zeit: 15 Minuten

Die Aprikosen an der dem Stielansatz gegenüberliegenden Seite kreuzweise einritzen, dann drei Minuten in kochendem Wasser blanchieren. Enthäuten und entsteinen.

Zusammen mit Zitronensaft, Vanillezucker und Puderzucker fein pürieren. Für ein Dessert verwenden oder einfrieren.

### Alleskönner

**Tipp**

Aprikosensauce schmeckt zu Vanilleeis, Panna cotta, weißem Mousse oder als Eis am Stiel. Auch Milchmixgetränke, Quark oder Joghurt lassen sich damit verfeinern. Mit Sahne vermischt können Sie Torten oder Biskuitrollen damit füllen.

## Buntes Curry-Gemüse-Geschnetzeltes

2 Schalotten
8 Aprikosen
2 kleine rote oder orangefarbene Paprikaschoten
3 cm frische Ingwerknolle
2 EL Öl
400 g Puten- oder Schweinegeschnetzeltes
2 TL scharfes Currypulver
400 ml Kokosmilch
400 g Tiefkühl-Erbsen
Salz und Pfeffer aus der Mühle

**exotisch, ganz einfach**
Ergibt 4 Portionen
Zubereitungs-
zeit: 30 Minuten

Die Schalotten schälen und fein würfeln. Die Aprikosen halbieren, entsteinen und achteln. Die Paprika in schmale Streifen schneiden. Den Ingwer schälen und fein hacken.

Das Öl in einem Topf erhitzen und die Schalotten, den Ingwer und das Geschnetzelte darin kurz anbraten. Das Currypulver und die Paprika zugeben und bei mittlerer Hitze etwa fünf Minuten andünsten

Mit Kokosmilch aufgießen, Aprikosen und Erbsen zugeben und bei kleiner Hitze zugedeckt etwa fünf Minuten garen.

Das Gericht mit Salz, Pfeffer und eventuell Curry abschmecken. Dazu passt Basmati- oder Naturreis.

# Äpfel – vielseitige Favoriten

Äpfel sind zweifellos unsere beliebteste Obstsorte. Die Deutschen verzehren jährlich etwa 17 Tonnen pro Kopf. Über 1000 verschiedene Sorten soll es geben, wovon viele allerdings nur in privaten Gärten und Streuobstwiesen zu finden sind.

**Wann ernten?** Man unterscheidet bei Äpfeln zwischen Frühsorten, die bereits im Juli reifen, und Spät- bzw. Lagersorten, die bis Ende Oktober geerntet werden. Die frühen Äpfel sind sofort genussreif, wohingegen die späten je nach Sorte unterschiedlich lang nachreifen müssen. Der optimale Erntezeitpunkt ist dann erreicht, wenn sich der Stiel durch nur leichtes Drehen vom Baum löst. Ein Zeichen für Reife ist außerdem der Duft. Form und Farbe sollten sortentypisch sein.

**Wie lagern?** Kernobst wie Äpfel sollte kühl und luftig, aber nicht im Kühlschrank gelagert werden. Sorten, die nicht mehr nachreifen, können so bis zu zwei Wochen gelagert werden. Wer über einen Vorratskeller verfügt, kann die späten Sorten dort in Horden, Kisten oder Steigen drei bis fünf Monate einlagern. Ideal ist ein dunkler Vorratskeller mit Frischluftzufuhr, in dem eine Luftfeuchtigkeit von 85 bis 90 Prozent und eine Temperatur von 4 °C bis 12 °C herrschen.

**Wie haltbar machen?** Einkochen, einfrieren, trocknen, als Konfitüre oder Gelee.

### Die besten Küchentipps
–  Äpfel mit warmem Wasser waschen, vierteln, das Kerngehäuse herausschneiden. Für Apfelringe oder Bratäpfel ist ein Apfelausstecher zum Entkernen praktisch.
–  Rohe Äpfel werden als Stücke eingefroren: Die Äpfel schälen, achteln, entkernen und 30 Sekunden in heißem

Wasser blanchieren. Sie können dann später beispielsweise für Konfitüre, Apfelkuchen, -auflauf oder Pfannkuchen verwendet werden.

- Äpfel können sehr gut auch als Kompott eingefroren werden: Die Äpfel schälen, entkernen, in Stücke schneiden und mit etwas Wasser, Zitronensaft und Zucker nach Geschmack etwa drei Minuten kochen.

## Salz hält frisch

**Tipp**

Äpfel werden an den Schnittstellen schnell braun. Zitronensaft verhindert dies. Unbekannter, aber genauso wirkungsvoll ist die Methode, Äpfel mit Salz frisch zu halten: Legen Sie dazu die Apfelschnitze in Salzwasser (25 g Salz auf 2 l Wasser). Die Äpfel laufen dann nicht an und das Salz schmeckt man kaum.

**Ruck-Zuck-Verwertung** Raspeln und für einen Rohkostsalat (beispielsweise mit Sellerie oder Möhren) verwenden, in dünne Scheiben schneiden und auf einem Sandwich mit Käse oder Schinken kombinieren.

**Pfiffige Rezeptideen** Äpfel sind sicher das vielseitigste Obst. Neben süßen Zubereitungen schmecken sie besonders gut in Kombination mit Fleischgerichten (beispielsweise gebraten zu Kalbsleber, als Sauce zu Schweinefleisch, als Füllung von Pute, Gans oder Ente). Äpfel können auch wie Gemüse, beispielsweise mit Zwiebeln und Speck, zubereitet werden.

### Apfel-Cidre-Bowle
1 kg Äpfel
50 g feiner Zucker
1 Zimtstange
Saft und Schale von 1 Bio-Zitrone
250 ml Apfelsaft
250 ml Weißwein
1 Flasche gut gekühlter Cidre
1 Flasche gut gekühlter, trockener Sekt
einige Thymianzweige zum Garnieren (nach Wunsch)

**für die Gartenparty**
Ergibt 15 Portionen à etwa 200 ml
Zubereitungszeit: 15 Minuten plus 4 Stunden Zeit zum Durchziehen

Ideal für ein Fest im Freien: Die erfrischende Apfel-Cidre-Bowle.

Zitronenschale in langen Streifen abschälen, dabei darauf achten, dass nur das Gelbe der Schale abgeschält wird. Die Äpfel schälen, in Spalten schneiden, mit Zucker bestreuen und zusammen mit der Zimtstange und der Zitronenschale in eine Bowle-Schale oder eine große Schüssel geben.

Die abgeschälte Zitronen halbieren, Saft auspressen. Zitronensaft, Apfelsaft und Wein auf die Äpfel gießen und etwa vier Stunden kalt gestellt durchziehen lassen.

Die Zimtstange und die Zitronenschale entfernen und mit Cidre und Sekt aufgießen. Eventuell mit einigen Thymianzweigen garnieren. Sofort servieren.

**ganz einfach, schnell, gut für riesige Mengen**

Ergibt 5 Gläser à etwa 500 ml
Zubereitungszeit: 20 Minuten plus eventuell 30 Minuten Einkochzeit

### Apfelmus

2 kg Äpfel
1 Prise Zimt
200 g Rohrzucker

Die Äpfel schälen, waschen, vierteln, Kerngehäuse entfernen und in Spalten schneiden.

Die Äpfel zusammen mit Zimt, Zucker und 250 ml Wasser in einen Topf geben und etwa zehn Minuten köcheln, bis die Äpfel weich sind.

Die Masse im Mixer (ersatzweise mit dem Pürierstab) pürieren. Abkühlen lassen und innerhalb der nächsten 2 Tage verwenden (dann im Kühlschrank in einem verschlossenen Behälter kalt stellen) oder in Einmachgläsern bei 80 °C 30 Minuten sterilisieren.

## Kellerfrüchte

**Tipp**

Frisch gekocht schmeckt Apfelmus am besten. Wenn Sie also die Möglichkeit haben, Ihre Apfelernte mehrere Monate im Vorratskeller zu lagern, ist das Einkochen nicht unbedingt notwendig, da die Äpfel dann nach Bedarf frisch verarbeitet werden können. Man kann das Mus aber auch auf Vorrat kochen und dann einfrieren.

## Apfel-Crumble

100 g kalte Butter und Butter für die Form
700 g Äpfel
200 g Mehl
150 g Zucker
1 P. Vanillezucker

**englisch und lecker**

Ergibt 8 Portionen als Dessert
Zubereitungszeit: 20 Minuten plus 45 Minuten Backzeit

Saftige Äpfel und knusprige Streusel – da kann keiner widerstehen!

Eine ofenfeste Form mit Butter ausstreichen. Die Äpfel schälen, waschen, vierteln, entkernen und in Spalten schneiden.

Mehl, Butter, Zucker und Vanillezucker mischen und mit den Händen rasch zu Streuseln verkneten. Die Äpfel in die Form geben und mit den Streuseln bestreuen.

Den Crumble auf der mittleren Einschubleiste im vorgeheizten Backofen bei 200 °C etwa 45 Minuten backen, bis die Streusel goldbraun sind.

Dazu schmeckt Vanillesauce oder halbsteif geschlagene Sahne.

Der Crumble schmeckt auch mit anderen säuerlichen Obstsorten, beispielsweise Rhabarber oder Stachelbeeren, sehr gut

### Getrocknete Apfelringe

1 kg Äpfel
Salz

**ganz einfach, für Naschkatzen**
Ergibt etwa 200 g
Zubereitungszeit: 20 Minuten plus 12 Stunden Dörrzeit und 24 Stunden Zeit zum Ruhen

Die Äpfel waschen, das Kerngehäuse ausstechen und die Äpfel in etwa ½ cm dicke Ringe schneiden. Geschnittene Äpfel in Salzwasser legen (etwa 25 g Salz auf 2 l Wasser), damit sie nicht braun werden.

Die Apfelringe auf einem Küchentuch abtropfen lassen und gut abtrocknen. Nebeneinander auf einen Backrost legen.

Die Äpfel bei 50–60 °C etwa zwölf Stunden im Backofen dörren. Die Backofentür mit einem Kochlöffel einen Spalt breit geöffnet halten. Dabei ab und zu wenden.

Die getrockneten Apfelringe mit einem sauberen Küchentuch bedeckt 24 Stunden ruhen lassen. Danach in luftdicht verschließbare Vorratsboxen verpacken.

# Birnen – empfindsam und mild

Die im Handel erhältlichen Früchte sind leider meist zu hart oder haben schon braune Druckstellen – der Anbau dieses sensiblen Kernobstes ist für Hobbygärtner daher besonders lohnend, da die Birnen im eigenen Garten zum optimalen Zeitpunkt geerntet werden können.

**Wann ernten?** Die Sommersorten reifen bereits im August und September und sind nicht lange lagerfähig. Die Herbst- und Wintersorten sind im September und Oktober erntereif. Der optimale Erntezeitpunkt ist erreicht, wenn die Birnen ihre sortentypische Farbe und Größe erreicht haben und noch keine braunen Flecken aufweisen. Die Stiele sollten sich leicht vom Baum lösen lassen.

**Wie lagern?** Birnen sind sehr druckempfindlich und sollten daher am besten nebeneinander auf einer weichen Unterlage gelagert werden Zum Sofortverzehr bestimmte, nicht nachreifende Birnen kann man kühl und luftig bis zu einer Woche lagern. Lagersorten können bis zu drei Monate in einem geeigneten Vorratskeller (siehe Äpfel Seite 58) aufbewahrt werden.

**Wie haltbar machen?** Einkochen, einfrieren, in Alkohol einlegen, trocknen, als Gelee oder Konfitüre.

## Sortenkenntnis

**Tipp**

Spät- und Lagerbirnen eignen sich nicht zum Gefrieren. Das geht am besten bei festen, nicht mehligen Birnensorten.

Frühbirnen dagegen sollten nicht zum Kochen und Dünsten verwendet werden, denn sie schmecken danach fad.

### Die besten Küchentipps

- Die Birnen mit lauwarmem Wasser waschen, vierteln und das Kerngehäuse mit einem Messer herausschneiden.
- Aufgeschnittene Birnen werden rasch braun, dies kann man durch Beträufeln mit Zitronensaft verhindern.
- Nicht alle Birnensorten sind gleichermaßen zum roh Essen wie zum Kochen geeignet. Die frühen Sorten enthalten meist wenig Säure und schmecken nach dem Kochen daher meist fad. Die späteren Sorten eignen sich meist sowohl zum Kochen als auch zum Rohverzehr.
- Tipps zum Einfrieren: siehe Äpfel (Seite 58 und 59).
- Birnen schmecken lecker in Wein oder Portwein pochiert.
- Zimt, Ingwer, Zitrone, Nelken oder Vanille aromatisieren säurearme und dadurch etwas fade schmeckende Sorten.

**Ruck-Zuck-Verwertung** Birnen machen sich gut als Beilage zu einer Käseplatte, zu luftgetrocknetem Schinken oder auf einem Toast, mit würzigem Blauschimmelkäse überbacken.

**Pfiffige Rezeptideen** Pochierte Birnen schmecken nicht nur in Desserts, sondern auch als Beilage zu Wild oder Schweinebraten. Sie machen sich auch gut in einem Kartoffelgratin, nach Wunsch zubereitet mit Speckwürfeln.

### Birnen in Rotwein

**als Dessert und zum Braten**
Ergibt 2 Gläser à etwa 750 ml
Zubereitungszeit: 20 Minuten plus 2 Wochen Zeit zum Durchziehen

1,5 kg feste Birnen
4 EL Zitronensaft
700 ml trockener Rotwein
250 g Einmachzucker
1 Zimtstange
4 Gewürznelken

Die Birnen halbieren, entkernen und schälen, sofort mit dem Zitronensaft beträufeln.

Den Rotwein mit dem Zucker, der Zimtstange und den Nelken in einem breiten Topf aufkochen. Die Birnenhälften hineingeben, kurz aufkochen und dann acht Minuten bei geringer Hitze ziehen lassen.

Die Birnen sofort in vorbereitete, sterilisierte Gläser füllen, den Sud nochmals aufkochen und darüber gießen. Die Gläser verschließen und an einem dunklen, kühlen Ort aufbewahren. Hält sich ungeöffnet etwa zwei Wochen. Vor dem Verzehr noch ein bis zwei Tage durchziehen lassen.

Rotweinbirnen lassen sich für unterschiedlichste Desserts verwenden – hier zusammen mit Feigen für eine Tarte.

Für eine längere Haltbarkeit die Birnen in Einmachgläsern sterilisieren (z. B. im Einkochtopf bei 100 °C für 25 Minuten).

## Birnenchutney

600 g Birnen
3 Schalotten
1 Stück Ingwerwurzel (etwa 30 g)
1 TL getrocknete, zerbröselte Chilischote
1 Msp. Nelkenpulver
3 EL Sultaninen
100 ml Weißweinessig
Saft von 1 Zitrone
500 g Zucker
1 Prise Salz

**raffiniert**
Ergibt 4 Gläser
à etwa 300 ml
Zubereitungs-
zeit: 1 ¼ Stunden

Die Birnen schälen, entkernen und in Stücke schneiden. Die Schalotten und den Ingwer schälen und fein würfeln.

Alle Zutaten in einen Topf geben und den Zucker gut unterrühren. Aufkochen und dann bei geringer Hitze unter Rühren etwa 45 Minuten köcheln, bis das Ganze eine marmeladenartige Konsistenz hat.

Das Chutney sofort in die vorbereiteten, heiß ausgespülten Gläser (Twist-off-Gläser oder Gläser mit Gummiring und Bügelverschluss) füllen und verschließen. Die Gläser für 30 Minuten auf den Kopf stellen und dann wieder umdrehen. Ungeöffnet an einem trockenen, dunklen Ort gelagert etwa neun Monate haltbar.

Dieses Chutney passt besonders gut zu hellem Fleisch und Geflügel.

### Birnen, Bohnen und Speck

**aus Omas Küche**
Ergibt 4 Portionen
Zubereitungs-
zeit: 35 Minuten

4 Zwiebeln
500 g durchwachsener, geräucherter Speck am Stück
1,5 l Gemüsebrühe
750 g grüne Bohnen
4 Birnen
1 TL gehacktes Bohnenkraut, Salz und Pfeffer

Zwiebeln in Streifen schneiden. Mit dem Speckstück in die Gemüsebrühe geben, aufkochen und 15 Minuten köcheln.

Die Bohnen waschen, putzen und in mundgerechte Stücke schneiden, dann mit dem Speck fünf Minuten garen.

Das traditionelle Gericht schmeckt am besten an einem kalten Herbsttag.

Die Birnen achteln und entkernen. Die Birnenspalten mit dem Bohnenkraut und Gewürze hinzufügen, weitere fünf Minuten kochen. Den Speck herausnehmen und in Stücke schneiden, dann wieder in den Eintopf geben und leicht erwärmen.

# Walnüsse – kernige Kraftpakete

Walnüsse waren früher im Volksglauben ein Symbol für Fruchtbarkeit. Heute werden sie wegen ihres aromatischen Geschmacks und ihres gesundheitlichen Nutzens geschätzt. Zwar enthalten sie viel Fett, doch auch viele Vitamine und Mineralstoffe. Regelmäßig genossen sollen sie wissenschaftlichen Studien zufolge sogar vielen Zivilisationskrankheiten vorbeugen.

**Wann ernten?**  Halbreife, grüne Nüsse können im Juni geerntet werden. Diese eignen sich allerdings ausschließlich zum Einmachen oder zur Likörbereitung. Die Erntezeit der vollreifen Nüsse liegt im Oktober. Bei reifen Früchten platzt die grüne Schale auf und die Nüsse fallen zu Boden beziehungsweise können vom Baum geschüttelt werden.

**Wie lagern?**  Vor dem Einlagern sollten eventuelle Reste der äußeren Schale und die schwarzen „Haare", die noch außen an der Nussschale haften können, entfernt werden. Die Nüsse zunächst in der Sonne gut trocknen lassen, damit sie später nicht schimmeln

Die Nüsse lagert man am besten luftig, kühl und dunkel, am besten nebeneinander liegend. Walnüsse können etwa zwei bis drei Monate aufbewahrt werden, danach werden sie ranzig.

**Wie haltbar machen?**  Halbreife, grüne Nüsse als Kompott oder Likör, reife als Likör.

### Die besten Küchentipps
– Die braune Haut um den Kern lässt sich abziehen, wenn man die Nüsse kurz in kochendem Wasser blanchiert und anschließend kalt abschreckt.
– Selbst ungeschälte Walnüsse nehmen leicht die Gerüche anderer Lebensmittel an und sollten daher separat gelagert werden.

Walnüsse bereichern herbstliche Salate aller Variationen.

**Ruck-Zuck-Verwertung**  Hacken und unter ein Müsli mischen, unter einen Brotteig kneten, mit Schokolade überziehen, über einen Salat streuen.

**Pfiffige Rezeptideen**  Walnüsse schmecken nicht nur in Plätzchen und Kuchen gut, sondern bereichern auch Salate und Rohkost. Sehr gut passen sie beispielsweise zu Chicorée und Trauben oder zu Feldsalat.

### Walnuss-Konfitüre

**Genuss aus Frankreich**
Ergibt 3 Gläser à etwa 500 ml
Zubereitungszeit: 20 Minuten

1 kg Walnüsse
550 g Puderzucker

Die Walnüsse drei Minuten in kochendem Wasser blanchieren, abtropfen lassen und die Haut entfernen. Die Kerne fein hacken.

Den Zucker in einem Topf mit 500 ml Wasser verrühren, aufkochen lassen und in etwa zehn Minuten zu einem dickflüssigen Sirup kochen.

Die Walnüsse zugeben und noch einige Minuten köcheln, bis das Ganze die Konsistenz einer Marmelade hat.

Die Masse sofort in die vorbereiteten, heiß ausgespülten Gläser (Twist-off-Gläser oder Gläser mit Gummiring und Bügelverschluss) füllen und verschließen. An einem kühlen, dunklen Platz lagern. Hält sich etwa sechs Monate frisch.

## Knackig köstlich

**Tipp**

Diese aus Frankreich stammende Zubereitung schmeckt auf Brot, zu Eis oder unter Quark gerührt. Köstlich auch zu Fleisch und Fruchtkompott.

Füllen Sie beispielsweise eine pochierte Birne damit. Diese Kombination zu Wildragout wird Gourmets begeistern.

## Walnussbutter

100 g Walnüsse
200 g weiche Butter
100 ml Honig

**schnell, raffiniert**
Ergibt 20 Portionen
Zubereitungszeit: 10 Minuten

Walnüsse klein hacken und im Backofen bei 170 °C sieben Minuten rösten, danach abkühlen lassen.

Die Butter mit einer Gabel cremig rühren und mit den gehackten Walnüssen und Honig vermischen. Bis zum Servieren kühl stellen.

Die Butter schmeckt sowohl zu kräftigem Roggenbrot als auch zu feinem Hefegebäck sehr gut. Sie hält sich im Kühlschrank etwa fünf Tage.

## Fruchtiges Vollkornmüsli

400 g Walnüsse
200 g kernige Haferflocken
200 g Dinkelflocken
200 g Sechskorn-Flocken
100 g getrocknete Aprikosen
100 g getrocknete Datteln

**für einen gesunden Start in den Tag**
Ergibt 16 Portionen
Zubereitungszeit: 20 Minuten

Walnüsse fein hacken. Ein Backblech mit Backpapier auslegen. Walnüsse, Haferflocken, Dinkelflocken und Sechs-Korn-Flocken mischen und auf dem Blech verteilen. Im vorgeheizten Backofen bei 160 °C sechs bis acht Minuten rösten, bis die Mischung duftet und leicht geröstet ist, dabei ab und zu wenden. Abkühlen lassen.

Aprikosen und Datteln fein hacken und untermischen. Die gut abgekühlte Mischung in einen luftdichten Behälter geben und gut verschließen. Das Müsli innerhalb von einem Monat verbrauchen.

Das Trockenobst kann durch Früchte nach Geschmack ersetzt werden. Am besten schmeckt hier natürlich getrocknetes Obst aus eigener Ernte.

### Walnuss-Fruchtmischung

**schnell, ganz einfach**

Ergibt 8 Portionen
Zubereitungs-
zeit: 15 Minuten

300 g Walnüsse
100 g Kürbiskerne
100 g getrocknet Cranberrys
100 g getrocknete Aprikosen
100 g getrocknete Bananenchips

Die Walnüsse auf ein mit Backpapier ausgelegtes Backblech geben. Im vorgeheizten Backofen bei 180 °C acht bis zehn Minuten goldbraun rösten, dann abkühlen lassen.

Aprikosen fein würfeln. Geröstete Walnüsse mit den übrigen Zutaten mischen.

### Walnuss-Stollen

**schmeckt nicht nur an Weihnachten**

Ergibt 2 Stück
Zubereitungs-
zeit: 1 ½ Stunden
plus 1 Stunde
Zeit zum Gehen

450 g Mehl plus Mehl für die Arbeitsfläche
1 TL Salz
15 g Zucker
1 TL Margarine
1 P. Trockenhefe
je 100 g Sultaninen und Rosinen (über Nacht in 30 ml Rum eingelegt)
175 g Walnusskerne, gehackt
je 50 g Orangeat und Zitronat, gehackt
225 ml warme Milch
1 Ei, verquirlt
etwas zerlassene Butter zum Bestreichen
Zuckerguss, aus Zitronensaft und Puderzucker angerührt, zum Bestreichen
Puderzucker zum Bestreuen

Mehl, Salz und Zucker in eine Schüssel geben, die Margarine einrühren und die Hefe unterrühren.

Sultaninen, Rosinen, gehackte Walnusskerne sowie Zitronat und Orangeat dazugeben und dann die warme Milch und das Ei in den Teig einarbeiten.

Den Teig auf eine leicht bemehlte Arbeitsfläche legen und kneten, bis er geschmeidig ist und nicht mehr klebt. Anschließend abdecken und etwa 30 Minuten ruhen lassen, bis er sein Volumen verdoppelt hat.

Danach den Teig teilen und jede Hälfte zu einem ovalen Stollenlaib formen (etwa 30 × 20 cm). Beide Stollen mit geschmolzener Butter bepinseln.

Die Teiglaibe auf ein bemehltes Backblech legen und noch einmal etwa 30 Minuten gehen lassen, bis sie ihr Volumen verdoppelt haben. Im auf 180 °C vorgeheizten Backofen 40–45 Minuten backen.

Die Stollen nach dem Backen aus dem Ofen nehmen und das noch heiße Backwerk mit dem angerührten Zuckerguss bestreichen. Abkühlen lassen und mit Puderzucker bestreuen.

## Schmeckt immer

**Tipp**

Die Stollen können luftdicht verschlossen in Behältern aufbewahrt werden. Sie sind dann nach einigen Tagen genussreif und zehn Tage haltbar. Sie können die Walnussstollen aber auch einfrieren. Dann ist es allerdings besser, sie erst nach dem Auftauen mit Puderzucker zu bestäuben.

Hier verhelfen Walnüsse einem Stollen zu gehaltvollem Innenleben.

# Rezepte für Gemüse und Kräuter

Wenn einzelne Gemüsesorten Saison haben, sind sie oftmals in Überfülle vorhanden. Wir denken da zum Beispiel an Zucchini-Riesen, die in schöner Regelmäßigkeit die dankbare Nachbarschaft überschwemmen. Nun muss schnell gehandelt werden. Hier sind die passenden Rezepte dazu.

# Möhren – orangefarbene Powerpakete

Unsere heutigen Kultursorten sind wahrscheinlich durch eine Kreuzung der Wilden Möhre (wächst auf Wiesen) und der Riesenmöhre (aus dem Mittelmeerraum) entstanden. Möhren haben einen hohen Gehalt an Vitaminen und Mineralstoffen. Die Möhren mit sattem Orangeton sind am beliebtesten, doch gibt es auch solche in weiß oder rot.

**Wann ernten?** Möhren sind spätestens dann erntereif, wenn sich ihr Laub gelblich oder bräunlich verfärbt. Die Erntezeit beginnt Mitte Juni und dauert bis Mitte Oktober. Frühe Sorten sind etwa drei Monate, späte vier Monaten nach dem Säen erntereif. Sollen die Möhren besonders zart sein, kann man sie aber auch schon nach etwa zehn Wochen aus dem Boden ziehen. Möhren, die gegart verzehrt werden sollen, kann man bis kurz vor den ersten Frösten im Boden lassen.

**Wie lagern?** Im Gemüsefach können Möhren ein bis zwei Wochen gelagert werden, in einem Vorratskeller zwei bis drei Monate. In Erdmieten oder in mit Sand gefüllten Holzkisten im Keller bleiben sie sogar bis ins nächste Frühjahr frisch!

**Wie haltbar machen?** Einkochen, in Essigeinlegen, einfrieren, als Chutney oder Relish, trocknen.

### Die besten Küchentipps

- Das Kraut junger Möhren kann man wie Kräuter verwenden.
- Möhren immer zusammen mit etwas Fett, beispielsweise Butter, Öl oder Sahne, zubereiten, sonst kann der Körper das in ihnen enthaltene Carotin nicht verwerten.
- Eine Prise Zucker, Butter, Petersilie und ein Spritzer Zitronensaft heben den feinen Möhrengeschmack hervor.
- Möhren am besten in Scheiben geschnitten und blanchiert oder als gekochtes Püree einfrieren.

**Ruck-Zuck-Verwertung** Ganz junge Möhren in leicht gesalzenes, bestes Olivenöl dippen, Möhren raspeln und zusammen mit Sellerie oder Äpfeln als Rohkostsalat zubereiten, in Scheiben hobeln und in einer Suppe garen.

**Pfiffige Rezeptideen** Möhren zusammen mit Kartoffeln für ein Gratin verwenden.

Mit ihrem milden, süßlichen Geschmack bilden sie ein gutes Gegengewicht zu pikant gewürzten Gerichten mit asiatischem Touch und passen daher gut zu Gewürzen wie Chili, Ingwer oder Currymischungen. Aber auch unterschiedliche Kräuter wie Basilikum, Kerbel, Minze oder Petersilie harmonieren gut mit ihnen.

## Möhren-Apfel-Marmelade

700 g Möhren
150 ml Orangensaft
300 g säuerliche Äpfel
½ TL gemahlener Kardamom
½ TL Zimt
500 g Gelierzucker 2:1

**raffiniert**
Ergibt 3 Gläser
à etwa 500 ml
Zubereitungs-
zeit: 30 Minuten
plus 2 Stunden
Zeit zum Ziehen

Die Möhren in dünne Scheiben schneiden und in dem Orangensaft in einem großen Topf etwa fünf Minuten garen. Die Apfel schälen, würfeln und mit Kardamom und Zimt dazugeben.

Den Gelierzucker unterrühren und etwa zwei Stunden ziehen lassen. Anschließend mit dem Pürierstab etwa die Hälfte der Äpfel und Möhren pürieren. Das Ganze aufkochen und unter Rühren vier Minuten sprudelnd kochen lassen.

Die Konfitüre sofort in die vorbereiteten, heiß ausgespülten Gläser (Twist-off-Gläser oder Gläser mit Gummiring und Bügelverschluss) füllen und verschließen. Die Gläser für 30 Minuten auf den Kopf stellen und dann wieder umdrehen. Ungeöffnet an einem trockenen, dunkeln Ort gelagert etwa ein Jahr haltbar.

## Möhrensauce

2 Zwiebeln
2 Knoblauchzehen
6 Möhren
1 EL Öl
2 TL flüssiger Honig

**schnell, gesund und lecker**
Ergibt 4 Portionen
Zubereitungs-
zeit: 25 Minuten

250 ml Gemüsebrühe
4 EL Crème fraîche
½ Bund Koriander oder Kerbel
Salz, Pfeffer aus der Mühle
Chilipulver

Die Zwiebeln und den Knoblauch fein würfeln. Die Möhren in Stücke schneiden. Das Öl in einem Topf erhitzen, Zwiebeln und Knoblauch darin bei mittlerer Hitze glasig schwitzen und die Möhren kurz anbraten.

Den Honig zufügen, die Gemüsebrühe angießen und zugedeckt etwa zehn Minuten weich garen. Inzwischen die Kräuterblättchen abzupfen und fein hacken. Das Gemüse fein pürieren, die Crème fraîche und die Kräuter unterheben. Die Sauce mit Salz, Pfeffer und Chili vorsichtig abschmecken.

Die leckere Möhrensauce schmeckt auch als Dip, beispielsweise zu Gemüsechips.

## Orangerote Soße

Die Möhrensauce schmeckt zu Pasta, kurz gebratenem Fleisch oder zu Rösti. Sie lässt sich gut einfrieren. Bereiten Sie daher gleich eine größere Portion zu. Crème fraîche und Kräuter dann erst nach dem Auftauen zufügen.

### Möhren auf sizilianische Art

4 große Möhren
1 EL Olivenöl
1 EL Rohrzucker
2 EL Marsala
100 ml Gemüsebrühe
2 EL Pinienkerne
2 EL Sultaninen
2 Zweige Basilikum
gemahlener Kreuzkümmel
Salz, Pfeffer aus der Mühle
1 EL Crema di Balsamico

**etwas ganz Besonderes**
Ergibt 4 Portionen als Vorspeise
Zubereitungszeit: 30 Minuten

Die Möhren schälen und schräg in gleich dicke Scheiben schneiden. Das Öl in einer großen Pfanne erhitzen und die Möhren darin rundherum anschwitzen. Zucker darüberstreuen und leicht karamellisieren lassen, mit Marsala ablöschen und die Flüssigkeit etwas einkochen lassen.

Die Brühe angießen, einen Deckel auflegen und die Möhren bei geringer Hitze etwa fünf Minuten garen. Sie sollen noch bissfest sein. Inzwischen die Pinienkerne in einer kleinen Pfanne rösten. Das Basilikum waschen und die Blätter von den Stielen zupfen.

Dann die Möhren herausnehmen und den Garsud bei offenem Deckel bei hoher Temperatur stark einkochen lassen.

Die Möhren wieder zufügen, die Sultaninen unterrühren und mit Kreuzkümmel, Salz und Pfeffer abschmecken.

Die Möhren zusammen mit dem Garsud auf einer Servierplatte anrichten, mit Crema di Balsamico beträufeln, mit Pinienkernen und Kräuterblättern bestreuen. Lauwarm servieren.

# Rettiche und Radieschen – weiß, rot oder schwarz

Bei den Farben und Formen des Rettichs gibt es viel Abwechslung: von den rotschaligen Frühjahrs- über die weißen Sommer- bis zu den schwarzen Winterrettichen. Das Fleisch hingegen ist immer weiß. Ihre kleineren Verwandten, die Radieschen, wachsen schnell und sind besonders leicht zu kultivieren.

**Wann ernten?**  Bei den Rettichen kann je nach Sorte von Frühjahr bis Herbst geerntet werden. Radieschen haben eine sehr kurze Kulturdauer von nur drei bis sechs Wochen und können daher im Freiland vom Frühjahr bis in den Herbstgesät und geerntet werden. Erntereife Radieschen ragen etwa zur Hälfte aus der Erde heraus. Auch aufgeplatzte Radieschen schmecken noch sehr gut.

**Wie lagern?**  Rettiche und Radieschen sind direkt nach der Ernte am knackigsten. Man lagert sie im Gemüsefach des Kühlschranks – Rettiche bis zu vier, Radieschen zwei Tage. Winterrettiche kann man in Erdmieten oder in Sandkisten im Vorratskeller einige Monate lagern.

**Wie haltbar machen?**  Radieschen und Rettiche können – allerdings nur relativ kurze Zeit – süß-sauer eingelegt werden. Ansonsten eignen sich nur zum Frischverzehr.

### Die besten Küchentipps
- Bei Radieschen vor dem Lagern immer das Grün abschneiden, da es den Knollen Feuchtigkeit entzieht. Es kann wie Kräuter verwendet werden.
- Zu scharfer Rettich wird milder, wenn man ihn in dünne Scheiben hobelt und etwa zehn Minuten mit Salz bestreut ziehen lässt.

**Ruck-Zuck-Verwertung**  Radieschen kann man für einen bunten Salat verwenden, als Rohkost zum belegten Brot es-

sen oder raspeln und unter einen Kräuterquark rühren. Rettich schmeckt dünn geschnitten auf kräftigen, herzhaft belegten Broten.

**Pfiffige Rezeptideen**  Bereiten Sie Rettich doch mal als Carpaccio zu: Dafür hauchdünn aufschneiden, mit gutem Olivenöl beträufeln und mit Salz würzen. Nach Geschmack mit weiteren Zutaten kombinieren. Rettiche können auch gegart werden, da sie beim Erhitzen ihr Aroma behalten.

### Rettich süß-sauer
1 kg Rettich
500 ml Apfelessig
400 g Zucker
2 EL Öl
1 TL grob geschroteter Pfeffer
2 TL Dijonsenf mit ganzen Senfkörnern

Rettich schälen, waschen und in dünne Scheiben hobeln oder schneiden. Den Essig zusammen mit dem Öl, dem Zucker und dem Pfeffer aufkochen. Die Rettichscheiben darin einige Minuten garen, dann herausnehmen.

Den Sud etwas einkochen lassen und den Senf unterrühren. Zusammen mit dem Rettich in sterilisierte Gläser füllen und verschließen. Hält sich im Kühlschrank etwa zwei Wochen.

Radieschen lagert man am besten ohne Grün, so bleiben sie länger frisch.

**schnell, passt zu Gegrilltem**
Ergibt 6 Portionen als Beilage
Zubereitungszeit: 20 Minuten

### Rettich-Carpaccio

**raffiniert,
schnell,
für Vegetarier**

Ergibt 4 Portionen als Vorspeise
Zubereitungszeit: 20 Minuten

500 g weißer Rettich
250 g Erdbeeren
½ Bund Basilikum
1 EL Kürbiskerne
2 EL Himbeeressig
1 TL Zucker
Salz, Pfeffer aus der Mühle
5 EL natives Olivenöl extra

Den Rettich schälen und auf einem Gemüsehobel in feine Scheiben hobeln (oder mit einem scharfen Messer fein schneiden). Die Erdbeeren waschen, putzen und halbieren. Das Basilikum waschen, trockentupfen und von den Stielen zupfen.

Die Kürbiskerne in einer Pfanne ohne Fett rösten. Den Essig mit Zucker, Salz und Pfeffer verrühren und das Olivenöl unterschlagen

Die Rettichscheiben dachziegelartig auf einer Servierplatte anrichten. Erdbeeren und Basilikum darauf verteilen. Mit dem Dressing beträufeln und zum Schluss die Kürbiskerne darüber streuen.

### Rettich-Kartoffel-Suppe

**schnell, fürs
winterliche
Dinner**

Ergibt 4 Portionen
Zubereitungszeit: 30 Minuten

600 g Kartoffeln
1 Gemüsezwiebel
1 EL Öl
1 l Gemüsebrühe
Salz, Pfeffer aus der Mühle
300 g schwarzer Rettich
100 g Sahne
1 EL gehackte glatte Petersilie

Kartoffeln und Zwiebel schälen und in kleine Würfel schneiden. Das Öl in einem Topf erhitzen und Kartoffeln mit den Zwiebeln darin andünsten. Die Gemüsebrühe angießen und die Kartoffeln in etwa zehn Minuten weich kochen. Das Gemüse mit einem Pürierstab im Topf pürieren.

Inzwischen den Rettich schälen und in möglichst dünne Scheiben hobeln oder schneiden. In die Suppe geben und kurz mitkochen. Die Sahne zufügen und die Suppe mit Petersilie bestreut servieren.

# Tomaten – rote Küchenlieblinge

Die zu den Nachtschattengewächsen gehörende Tomate kam aus Südamerika nach Europa und galt zunächst als Zierpflanze. Die Italiener führten die prallen Früchte erst im 18. Jahrhundert in ihrer Küche ein. Heute sind sie auch von unseren Tellern nicht mehr wegzudenken, denn in ihrer Vielseitigkeit sind Tomaten unschlagbar.

**Wann ernten?** Tomaten sind am aromatischsten, wenn sie, je nach Sorte, tiefrot oder kräftig gelb gefärbt sind. Ihre Haut sollte fest und glänzend sein. Die Erntezeit beginnt Ende Juli und dauert bis in den Spätsommer. Die letzten Tomaten können auch grün geerntet und an einen warmen Ort zum Nachreifen gelegt werden.

Auch als Chutney machen sich Tomaten hervorragend.

**Wie lagern?** Tomaten sollten nicht im Kühlschrank, sondern bei Raumtemperatur gelagert werden. Sie reifen nach der Ernte noch nach und sind bis zu fünf Tage haltbar. Beim Nachreifen scheiden sie das Gas Ethylen aus, das andere Früchte schneller verderben lässt. Daher sollten sie separat aufbewahrt werden.

**Wie haltbar machen?** Einkochen, einfrieren, als Chutney oder Relish, trocknen.

### Die besten Küchentipps

- Immer den grünen Stielansatz herausschneiden, er enthält das gesundheitsschädliche Solanin und bleibt zudem beim Garen hart.
- Zum Schneiden von Tomaten kein Küchenmesser mit glatter Klinge, sondern ein leicht gezähntes verwenden.
- Wenn Sie gerade wenig Zeit haben, frieren sie Tomaten einfach im Ganzen ein. Wenn sie ganz leicht angetaut sind, geht die Haut fast von alleine ab. Nach dem Auftauen sind sie aber sehr matschig und zum roh Essen nicht geeignet.
- Daher kann man sie gleich gehackt einfrieren, da sich aufgetaute Tomaten sowieso nur für Saucen oder Suppen eignen: Am Stielansatz mit einem scharfen Messer kreuzweise einritzen, etwa eine Minute in heißes Wasser tauchen, enthäuten und in Stücke schneiden, dann in Gefrierboxen einfrieren.
- Man kann die Tomaten auch unblanchiert einfrieren: einfach in Stücke schneiden und nach dem Auftauen für die Zubereitung von Saucen und Suppen verwenden. Stören die Tomatenschalen, kann man die Flüssigkeit durch ein Sieb passieren.
- Zu frischen Tomaten passen Kräuter wie Petersilie und Basilikum.
- Gegarte Tomaten harmonieren mit Mittelmeerkräutern wie Oregano, Thymian und Rosmarin.

**Ruck-Zuck-Verwertung** Tomaten in Scheiben schneiden, salzen, pfeffern, mit gutem Olivenöl beträufeln und nach Lust und Marktangebot kombinieren, beispielsweise mit Schafskäse, Mozzarella, gerösteten Sonnenblumenkernen, Frühlingszwiebeln, Kräutern ...

**Pfiffige Rezeptideen**  Natürlich schmecken die Klassiker To-
matensuppe und -sauce immer gut – doch kann man Tomaten auch gut im Backofen zubereiten, beispielsweise gefüllt
und überbacken oder als Tomaten-Brot-Gratin. Belegen Sie
einen Pizzateig mit reichlich frischen Tomaten, oder legen
Sie sie als Scheiben auf ein Butterbrot. Rezepte mit Tomaten
gibt es zuhauf – hier finden Sie deshalb nur Anleitungen,
wie Sie größere Mengen verwerten können.

## Tomatensauce

2 Zwiebeln
3 Knoblauchzehen
3 EL Olivenöl
1,5 kg Tomaten
1 TL Salz
½ TL Zucker
2 TL getrockneter Oregano
1 ½ TL getrockneter Thymian
2 getrocknete Lorbeerblätter
1 Prise Chilipulver
1 Prise Pfeffer aus der Mühle

**ganz einfach,
gut geeignet
für riesige Men-
gen**

Ergibt 3 Gläser
à etwa 400 ml
Zubereitungs-
zeit: 45 Minuten

Zwiebeln und Knoblauch schälen und fein hacken. Die Tomaten waschen, halbieren, vom grünen Stielansatz befreien
und grob hacken.

Das Olivenöl in einem Topf erhitzen, Zwiebel- und Knob-
lauchwürfel darin glasig anschwitzen, keinesfalls bräunen.
Die Tomaten, die Kräuter und die Gewürze zufügen.

Die Sauce bei mäßiger Hitze köcheln lassen, bis die Tomaten zerfallen sind und die Sauce eine sämige Konsistenz
hat. Dabei regelmäßig rühren, damit nichts anbrennt. Die
Lorbeerblätter herausnehmen.

Die heiße Sauce in heiß ausgespülte Gläser (Twist-off-
Gläser oder Gläser mit Gummiring und Bügelverschluss)
füllen und verschließen. Die Gläser für 30 Minuten auf den
Kopf stellen und dann wieder umdrehen. Ungeöffnet an einem trockenen, dunkeln Ort gelagert etwa einen Monat
haltbar. Alternativ kann die Sauce auch portionsweise eingefroren werden.

**Tipp**

### Basis für Genuss

Die Tomatensauce ist eher zurückhaltend gewürzt, damit sie als Grundlage für unterschiedliche Gerichte dienen kann – als Sauce zur Pasta, als Belag auf die Pizza, als Basis für eine Suppe. Je nach Geschmack und Rezept können Sie sie durch Kräuter und Gewürze variieren.

### Tomaten-Konfitüre

**raffiniert, leckeres Mitbringsel**

Ergibt 3 Gläser à etwa 400 ml Zubereitungszeit: 30 Minuten plus Zeit zum Ziehen über Nacht

750 g Tomaten
1 rote Chilischote
2 EL Weißweinessig
1 Prise Salz
500 g Gelierzucker 1:1
1 EL frische Oreganoblättchen

Die Tomaten an der dem Stielansatz gegenüberliegenden Seite kreuzweise einritzen, mit kochendem Wasser überbrühen, abschrecken, enthäuten, entkernen und würfeln. Die Tomaten abwiegen. Gebraucht werden etwa 500 g. Die Chilischote waschen, entkernen und in sehr feine Ringe schneiden.

Die Tomaten-Konfitüre schmeckt auf Brot genauso wie als raffinierte Beilage zu Käse oder Fleisch.

Tomaten, Chili, Essig und Gelierzucker in einem großen Topf mischen und über Nacht an einem kühlen Ort durchziehen lassen.

Am nächsten Tag aufkochen und vier Minuten unter Rühren sprudelnd kochen lassen. Kurz vor Ende der Garzeit den Oregano zufügen.

Die Konfitüre sofort in die vorbereiteten, heiß ausgespülten Gläser (Twist-off-Gläser oder Gläser mit Gummiring und Bügelverschluss) füllen und verschließen. Die Gläser für 30 Minuten auf den Kopf stellen und dann wieder umdrehen. Ungeöffnet an einem trockenen, dunklen Ort gelagert etwa ein Jahr haltbar. Passt zu kaltem Braten, Grillfleisch, Käse oder einfach zu Baguette.

## Tomatenketchup

2 große Zwiebeln
1 kg Tomaten
1 Apfel
125 ml Apfelessig
1 EL Salz
25 g Zucker
Pfeffer aus der Mühle
2 TL Senf
1 TL getrockneter Oregano

**ganz einfach, gut für riesige Mengen**
Ergibt 1 Flasche à etwa 700 ml
Zubereitungszeit: 1 ¼ Stunden

Die Zwiebeln schälen und fein würfeln, die Tomaten waschen und in Spalten schneiden, dabei den grünen Stielansatz herausschneiden. Den Apfel waschen, vierteln, entkernen und würfeln.

Alle Zutaten in einen großen Topf geben und gut verrühren. Aufkochen, dann bei geringer Hitze so lange köcheln, bis die Flüssigkeit stark eingekocht und ein dicklicher Tomatenbrei entstanden ist, das dauert etwa 45 Minuten. Öfter rühren, damit nichts anbrennt.

Das Ganze durch ein Sieb passieren und sofort in sterilisierte Flaschen füllen und verschließen. Die Flaschen für 30 Minuten auf den Kopf stellen und dann wieder umdrehen. Ungeöffnet an einem trockenen, dunklen Ort gelagert etwa ein Jahr haltbar. Nach dem Anbrechen im Kühlschrank aufbewahren und innerhalb von drei Monaten verbrauchen.

## Insalata Caprese im Glas

300 g Mini-Mozzarellakugeln
500 g Kirschtomaten
1 Bund Basilikum
3 EL Weißweinessig
Meersalz, Pfeffer aus der Mühle
7 EL natives Olivenöl extra

**ganz einfach, ein Hingucker**
Ergibt 4 Portionen (1 Glas à etwa 800 ml)
Zubereitungszeit: 20 Minuten

Den Mozzarella abtropfen lassen, die Kirschtomaten waschen. Das Basilikum waschen, trockentupfen und die Blättchen abzupfen.

Den Essig mit Kräutersalz und Pfeffer verrühren und das Öl unterschlagen. Mozzarella, Kirschtomaten und Basilikum abwechselnd in ein großes Glas mit Deckel (etwa 800 ml Inhalt) schichten und das Dressing darübergießen. Verschließen und im Kühlschrank aufbewahren.

Der Salat eignet sich für ein Picknick oder eine Gartenparty und kann bis zu zwei Tage im Voraus zubereitet werden.

### Getrocknete Tomaten

**ganz einfach, gut für riesige Mengen**

Ergibt etwa 600 g
Zubereitungszeit: 20 Minuten
plus 10 Stunden
Zeit zum Trocknen

2 kg reife, aber noch feste mittelgroße Tomaten
2 TL Meersalz

Die Tomaten waschen, horizontal halbieren und an der Schnittfläche mit einem scharfen Messer kreuzweise einschneiden. Mit den Schnittflächen nach oben auf ein Backofengitter legen und mit Salz bestreuen.

Die Tomaten im Backofen bei 70 °C etwa zehn Stunden trocknen lassen. Dabei die Backofentür mit einem Holzlöffel einen Spalt geöffnet halten. Herausnehmen und abkühlen lassen.

Energiesparender ist das Trocknen im Freien. Es gelingt allerdings nur an sonnigen Tagen mit niedriger Luftfeuchtigkeit.

Die Tomaten in saubere, luftdicht verschließbare Vorratsgefäße legen und in den Kühlschrank stellen. Sie halten etwa zwei Wochen.

---

**Tipp**

## Sommer im Glas

Tomaten fangen mit ihrem Aroma die Sommersonne ein. Diesen Geschmack können Sie auch im Winter genießen: Für eine längere Lagerdauer frieren Sie die getrockneten Tomaten einfach ein. Im Tiefkühlgerät können sie zwölf Monate aufbewahrt werden. Sie können die Tomaten auch in Öl einlegen (lecker dazu: frische Basilikumblätter und Kapern. Haltbarkeit: etwa drei Monate). Das Öl nimmt das Tomatenaroma an und kann ebenfalls verwendet werden.

# Paprika – kräftige Farben, knackig im Biss

Wie Kartoffel und Tomate gehört auch die Paprika zu den Nachtschattengewächsen, die von den spanischen Eroberern aus Amerika nach Europa gebracht wurde. Die dekorativen Pflanzen verlangen allerdings etwas gärtnerische Erfahrung und sind im Garten hierzulande nicht ganz so leicht zu kultivieren wie ihre Verwandten.

**Wann ernten?** Die Schoten sind reif, wenn sie ihre typische Farbe erreicht haben – das Spektrum reicht von blassgrün bis tiefrot. Die großen Gemüsepaprika können in verschiedenen Reifegraden geerntet werden: grün, gelb oder rot. Rot schmecken sie am süßesten und sind am bekömmlichsten.

**Wie lagern?** Paprikaschoten bekommen im Kühlschrank rasch faulige Stellen und werden besser bei Zimmertemperatur gelagert. Sie sind etwa fünf Tage haltbar. Beim Nachreifen scheiden sie das Gas Ethylen aus, das andere Früchte schneller verderben lässt, daher sollten sie separat aufbewahrt werden.

**Wie haltbar machen?** Einkochen, in Essig oder Öleinlegen, einfrieren, als Chutney oder Relish, trocknen.

### Die besten Küchentipps
- Erst putzen, dann waschen: So sparen Sie sich zweimal Waschen, indem sie zunächst Stielansatz, Trennwände und Kerne entfernen und danach die Schote außen und innen abspülen.
- Paprika lassen sich gut einfrieren und können nach dem Auftauen sogar noch für Salate verwendet werden. Die Schoten entkernen und je nach späterem Verwendungszweck ganz, halbiert oder in Streifen einfrieren.
- Für manche Gerichte müssen Paprika enthäutet werden, sie sind ohne Haut auch leichter verdaulich. Dazu die

halbierten Schoten unter den auf höchste Stufe einge-
stellten Backofengrill legen und rösten, bis die Haut
schwarz wird und Blasen wirft. Herausnehmen, mit einem feuchten Küchenhandtuch abdecken. Nach etwa
fünf Minuten kann man die Haut mit einem spitzen Messer abziehen.
– Schoten mit dickerem Fruchtfleisch kann man auch un-
geröstet mit einem Sparschäler schälen.
– Enthäutete Schoten können auch eingefroren werden.

**Ruck-Zuck-Verwertung**  Paprikaschoten eignen sich für ge-
mischte Salate, als knackige Beigabe zum Pausenbrot oder
als Bestandteil einer Rohkostplatte mit Dip. Eine weitere
schnelle Zubereitung: Paprikaschoten fein schneiden und
zusammen mit Zwiebelringen für eine Tortilla verwenden.

**Pfiffige Rezeptideen**  Enthäutete Paprika macht sich gut als
Salat, kombiniert mit Schafs- oder Ziegenkäse, Oliven und
Mittelmeerkräutern. Als Gemüsebeilage schmeckt Paprika
gut in Kombination mit Tomaten, Zucchini und Auberginen.

### Ajvar

**ganz einfach, schnell**
Ergibt 4 Portio-
nen als Beilage
Zubereitungs-
zeit: 20 Minuten

4 rote Paprika
1 kleine Aubergine
2 Knoblauchzehen
2 EL Olivenöl
2 TL Zitronensaft
1 TL Salz

Die Paprikaschoten vierteln und entkernen, die Aubergine
längs halbieren. Das Gemüse mit der Hautseite nach oben
auf ein mit Backpapier ausgelegtes Backblech legen und unter dem Backofengrill bei 250 °C etwa zehn Minuten rösten,
bis die Haut braun wird und Blasen wirft.

Das Gemüse herausnehmen, mit einem feuchten Küchenhandtuch bedecken, etwas abkühlen lassen und mit einem
spitzen Messer enthäuten.

Die Knoblauchzehen schälen und würfeln. Das Gemüse
grob pürieren, mit Knoblauch, Olivenöl und Zitronensaft
mischen und mit Salz abschmecken.

Je nach Wunsch können Sie das Gemüse stückiger lassen oder stärker pürieren.

## Würze Balkan-Art

**Tipp**

- Ajvar schmeckt prima zu gegrilltem Fleisch, Cevapcici oder Fladenbrot.
- Sie können auch eine größere Menge auf Vorrat zubereiten: Alle Zutaten sollten in diesem Fall einige Minuten gut erhitzt und dann in sterilisierte Gläser gefüllt werden. Noch zusätzlich mit einer dünnen Schicht Olivenöl bedecken. Hält an einem dunklen, kühlen Ort etwa drei Monate.

## Geröstete Paprikaschoten in Öl

1,5 kg Paprikaschoten
6 Knoblauchzehen
4 EL eingelegte Kapern
4 EL Essig
350 ml Olivenöl
Salz, Pfeffer aus der Mühle

**ganz einfach, für den Vorspeisenteller**

Ergibt 6 Gläser à etwa 300 ml
Zubereitungszeit: 35 Minuten

Die Paprikaschoten halbieren und mit der Haut nach oben unter dem Backofengrill rösten, bis die Haut schwarz wird und Blasen wirft. Die Paprika mit einem feuchten Küchentuch bedecken, abkühlen lassen und mit einem spitzen Messer enthäuten. Das Fruchtfleisch längs in breite Streifen schneiden.

Den Knoblauch schälen und halbieren, die Kapern abtropfen lassen.

Essig und Öl mit den Gewürzen verrühren.

Paprika, Knoblauch und Kapern auf sterilisierte Gläser verteilen und mit der Marinade begießen. Die Gläser verschließen und gekühlt aufbewahren. Hält sich etwa zwei Wochen im Kühlschrank.

### Paprika-Salsa

4 rote oder gelbe Paprikaschoten
2 rote Chilischoten
1 Mango
1 Bio-Limette
1 Knoblauchzehe
Salz und Pfeffer aus der Mühle
4 EL natives Olivenöl extra
1 EL fein gehackte Minzeblättchen

Die Paprikaschoten halbieren und mit der Haut nach oben unter dem Backofengrill rösten, bis die Haut schwarz wird und Blasen wirft. Die Paprika mit einem feuchten Küchentuch bedecken, abkühlen lassen und mit einem spitzen Messer enthäuten. Das Fruchtfleisch fein würfeln.

Die Chilischoten waschen, längs aufschlitzen, entkernen und in feine Ringe schneiden. Das Mangofleisch in Spalten vom Stein schneiden, schälen und fein würfeln. Paprika, Chili und Mango in einer Schüssel mischen.

Den Limettensaft auspressen, von der Schale 2 TL fein abreiben und beiseite stellen. Die Knoblauchzehe schälen und durchpressen.

Knoblauch, Limettensaft und -schale, Salz und Pfeffer verrühren. Das Öl unterschlagen. Das Dressing unter die Zutaten in der Schüssel heben und die Salsa mit Minze bestreut servieren. Vor dem Servieren mindestens eine Stunde durchziehen lassen. Die Salsa schmeckt zu Grillfleisch oder -fisch.

Mit etwas Öl bedeckt ist sie im Kühlschrank bis zu drei Tage haltbar.

### Paprika-Brotaufstrich

200 g Frischkäse
200 g Ziegenfrischkäse
Salz, Pfeffer aus der Mühle
1 Prise Paprikapulver
3 Frühlingszwiebeln
2 große, rote Paprikaschoten
2 EL gehackte Basilikumblätter

**schnell,
raffiniert**
Ergibt 8 Portionen
Zubereitungs-
zeit: 20 Minuten

Frischkäse und Ziegenfrischkäse in einer Schüssel mit einer
Gabel glattrühren. Mit Salz, Pfeffer und Paprikapulver abschmecken.

Frühlingszwiebeln und Paprikaschoten putzen und waschen, Zwiebeln in feine Ringe schneiden, Paprika fein würfeln. Zusammen mit dem Basilikum unter die Frischkäsecreme rühren.

## Der Partyrenner

– Diese Mischung gibt Ihrem kalten Buffet Raffinesse. Sie können sie als Brotaufstrich in einer Schale aufs Buffet stellen oder geröstete Baguettescheiben damit bestreichen, mit Paprikawürfeln und je einem Basilikumblatt dekorieren und als Fingerfood reichen.
– Die Creme hält sich etwa drei Tage im Kühlschrank.

### Spaghetti mit Paprika-Sauce

**schnell, statt Tomatensoße**

Ergibt 4 Portionen
Zubereitungszeit: 30 Minuten

2 kleine, rote Paprikaschoten
Salz
400 g Spaghetti
1 kleine Aubergine
½ Bund Koriandergrün
1 EL Olivenöl
1 TL Rotweinessig
Pfeffer aus der Mühle
etwas Vollrohrzucker
50 g zerkrümelter Schafskäse

Den Backofengrill auf höchste Stufe vorheizen. Die Paprikaschote vierteln und entkernen, die Aubergine längs halbieren. Das Gemüse mit der Hautseite nach oben auf ein mit Backpapier ausgelegtes Backblech legen und unter dem Backofengrill bei 250 °C etwa zehn Minuten rösten, bis die Haut braun wird und Blasen wirft.

Inzwischen reichlich Salzwasser aufkochen und die Spaghetti darin al dente kochen, anschließend abgießen.

Das Gemüse herausnehmen, mit einem feuchten Küchenhandtuch bedecken, etwas abkühlen lassen und mit einem spitzen Messer enthäuten.

Paprika und Aubergine pürieren, die Korianderblättchen und das Öl unterrühren und mit Essig, Salz, Pfeffer und wenig Zucker abschmecken. Die Spaghetti mit der kalten Paprikasalsa mischen und den Schafskäse zum Bestreuen dazu reichen. Diese Sauce schmeckt auch als Dip zu Gemüse oder Pellkartoffeln.

# Zucchini – kleine Kürbisverwandte

Kaum zu glauben, dass Zucchini erst seit den Achtzigerjahren in unseren Gärten angebaut werden. Das unkompliziert zu kultivierende Gemüse hat sich einen festen Platz erobert und erfreut den Hobbygärtner durch einen – oftmals fast zu üppigen – Erntesegen.

**Wann ernten?**  Zucchini können schon ab 10 cm Größe geerntet werden und sollten höchstens 20 cm groß sein. Durch rechtzeitiges Ernten vermeiden Sie außerdem eine übermäßige Ernte. Große Exemplare schmecken meist wässrig und fade. Die Zucchiniblüten erntet man am besten, wenn sie bis zu 10 cm lang sind. Sie schmecken gefüllt und frittiert.

**Wie lagern?**  Zucchini halten sich im Gemüsefach des Kühlschranks bis zu fünf Tage.

**Wie haltbar machen?**  Einkochen, in Essig oder Öl einlegen, in Essig-Zucker-Lösung einlegen, als Chutney oder Relish, einfrieren.

**Die besten Küchentipps**
- Zucchini brauchen Geschmacksträger, um ihr mildes Aroma zu entfalten, daher sollten sie möglichst immer in Öl angedünstet werden. Gut schmecken sie in dünne Scheiben geschnitten und knusprig gebraten.
- Sie können kräftig gewürzt werden. Neben mediterranen Zutaten wie Knoblauch und Mittelmeerkräuter vertragen sie sich auch gut mit orientalischen oder asiatischen Gewürzen wie Kurkuma und Curry.
- Zucchini können in Scheiben geschnitten und roh oder blanchiert eingefroren werden.

**Ruck-Zuck-Verwertung**  Zucchini fein würfeln und für die Zubereitung einer Gemüsesauce oder -suppe verwenden.

**Pfiffige Rezeptideen** Für eine schnelle Pastasauce geraspelte Zucchini zusammen mit Zwiebel- und Knoblauchwürfen andünsten und mit Brühe und Sahne oder Crème fraîche aufkochen. Geraspelte Zucchini machen sich auch gut in einem Omelette, am besten kombiniert mit würzigen Zutaten wie Schafskäse, Speck oder Zwiebeln. Oder Sie schneiden die Zucchini in dünne Scheiben und grillen sie im Backofen.

### Zucchini-Relish

**ganz einfach, gut für riesige Mengen**

Ergibt 4 Gläser à etwa 500 ml Zubereitungszeit: 45 Minuten plus 12 Stunden Zeit zum Ziehen

1 ½ kg Zucchini
Salz
4 Zwiebeln
4 Knoblauchzehen
Pfeffer aus der Mühle
250 ml heller Balsamico-Essig
½ EL Currypulver
400 g Rohrzucker

Zucchini waschen und klein würfeln. In eine Schüssel geben, etwas Salz dazugeben, durchmischen und zwölf Stunden abgedeckt ziehen lassen. Anschließend Zucchini in ein Sieb geben, ausdrücken und mit Wasser abspülen. Zwiebeln und Knoblauch schälen und fein würfeln.

Zucchinischeiben einfach grillen und mit Kräuterquark füllen – fertig ist eine raffinierte Vorspeise.

Den Essig mit 250 ml Wasser in einen großen Topf geben, Zwiebeln, Knoblauch, Zucchiniwürfel, Salz, Pfeffer, Curry und Zucker zufügen. Das Ganze unter Rühren etwa 20 Minuten kochen, bis die Flüssigkeit eingedampft und das Relish eingedickt ist. Kurz vor Ende der Garzeit den Rosmarin unterrühren.

Das Ganze sofort in sterilisierte Gläser füllen und verschließen. Die Gläser für 30 Minuten auf den Kopf stellen und dann wieder umdrehen. Ungeöffnet an einem trockenen, dunkeln Ort gelagert etwa neun Monate haltbar.

### Geröstete Zucchini mit Quarkcreme

1 kg Zucchini
2 EL natives Olivenöl extra
Salz, Pfeffer aus der Mühle
1 Zweig Rosmarin, Nadeln gehackt
3 EL Sesamsamen
250 g Quark (Halbfettstufe)
300 g fettarmer Joghurt
1 Beet Kresse
Salz, Pfeffer aus der Mühle

**ganz einfach, für Vegetarier**
Ergibt 4 Portionen als Hauptgericht
Zubereitungszeit: 25 Minuten

Zucchini waschen, putzen und längs in etwa 1 cm dicke Scheiben schneiden. Auf ein mit Backpapier ausgelegtes Backblech legen, von beiden Seiten mit Olivenöl einpinseln und salzen. Mit Rosmarin und Sesam bestreuen und unter dem Backofengrill etwa zehn Minuten bräunen.

Inzwischen den Quark mit dem Joghurt glattrühren, die Kresseblättchen abschneiden, waschen, abtropfen lassen und unterziehen. Mit Salz und Pfeffer abschmecken.

Die Zucchini aus dem Ofen nehmen und mit der Quarkcreme servieren.

### Zucchini-Aufstrich

500 g Zucchini
4 Knoblauchzehen
5 EL kalt gepresstes Olivenöl
1 Bund Oregano
1 EL Zitronensaft
Salz, Pfeffer aus der Mühle
200 g Frischkäse

**ganz einfach, für Partys**
Ergibt 16 Portionen
Zubereitungszeit: 30 Minuten.

Die Zucchini waschen, putzen und in Scheiben schneiden. Den Knoblauch schälen und durchpressen. 1 EL Öl in einem Topf erhitzen und Zucchini und Knoblauch darin bei milder Hitze etwa zehn Minuten dünsten, bis die Zucchini weich sind.

Inzwischen den Oregano waschen, trockentupfen und die Blättchen abzupfen.

Den Zucchiniaufstrich können Sie vor dem Servieren noch mit Kräutern nach Wunsch bestreuen.

Das restliche Olivenöl und den Zitronensaft zu den Zucchini geben und mit dem Pürierstab pürieren. Etwas abkühlen lassen, dann die Kräuter und den Frischkäse unterrühren. Bis zum Servieren gekühlt aufbewahren. Hält im Kühlschrank zugedeckt etwa drei Tage.

### Zucchinikuchen

**raffiniert, schön saftig**

Ergibt 1 Kuchen
Zubereitungszeit: 25 Minuten plus 1 Stunde zum Backen

3 Eier
250 g Rohrzucker
150 g Margarine plus Fett für die Form
400 g Dinkelmehl Type 550
1 P. Backpulver
1 TL Zimt
150 g gemahlene Haselnüsse
300 g Zucchini, geschält und geraspelt, in einem Sieb ausgedrückt

Eier und Zucker schaumig schlagen, dann die Margarine gründlich unterrühren. Mehl, Backpulver Zimt und Haselnüsse mischen und kurz unter die Masse rühren.

Zum Schluss mit einem Esslöffel die geraspelten Zucchini unterheben. Den Teig in eine gefettete Kasten- oder Springform geben. Im auf 200 °C vorgeheizten Backofen etwa eine Stunde backen. In der Form etwas abkühlen lassen und dann herausnehmen.

Bestreuen Sie den abgekühlten Kuchen mit etwas Puderzucker oder überziehen Sie ihn mit einer Nussglasur.

# Kürbisse – herbstlicher Farbenrausch

Gelb, orangefarben, grün, gestreift, gesprenkelt – mit ihrer Farben- und Formenvielfalt setzen Kürbisse einen kräftigen Farbakzent im Herbst. Das unkomplizierte Gemüse erfreut den Hobbygärtner oftmals mit einer sehr üppigen Ernte – gut, wenn man einige abwechslungsreiche Zubereitungsarten kennt!

**Wann ernten?**  Sommerkürbisse sind ab Juli erntereif, die Wintersorten ab Oktober.

**Wie lagern?**  Sommerkürbisse mit dünner Schale wie Patissons können bis zu fünf Tage im Gemüsefach des Kühlschranks aufbewahrt werden. Die hartschaligen Winterkürbisse sollte man vor dem Einlagern etwa eine Woche an der Sonne trocknen. In einem kühlen, dunklen Vorratskeller halten sie je nach Sorte drei bis sechs Monate. Am besten auf Stroh oder Lattenrosten lagern, damit sie nicht faulen.

**Wie haltbar machen?**  Einkochen, in Essig oder Öleinlegen, in Essig-Zucker-Lösung einlegen, als Konfitüre, Chutney oder Relish, einfrieren.

### Die besten Küchentipps
–  Die Kerne mit den Fasern im Innern der Kürbisse lassen sich hervorragend mit einem Kugelausstecher entfernen.
–  Kürbisse friert man entweder roh in Stücke geschnitten oder als gegartes Püree ein.
–  Der Kürbis kann einen kräftigen Aroma-Kick vertragen. Kürbissuppen können beispielsweise mit Orangen- oder Apfelsaft zubereitet werden. An Gewürzen passen besonders gut zum Kürbis: Ingwer, Chili, Koriander, Kurkuma, Zimt.

**Ruck-Zuck-Verwertung**  Weicher Sommerkürbis kann roh geraspelt und als Rohkost zubereitet werden. Fester Winterkürbis muss immer gegart werden. Die schnellste Zubereitungsart ist das Kürbispüree: Kürbisfleisch würfeln, in wenig Salzwasser oder Brühe gar kochen, pürieren und zur weiteren Verwendung einfrieren.

**Pfiffige Rezeptideen**  Kürbisse machen sich sehr gut in allen Rezepten mit orientalischem oder asiatischem Touch, beispielsweise Currys oder Tagines, da sie mit den entsprechenden Gewürzen harmonieren. Zum Abmildern des intensiven Aromas passt dann sehr gut Reis oder Couscous.

### Kürbis-Orangen-Konfitüre

**raffiniert, gut für riesige Mengen**

Ergibt 3 Gläser à etwa 450 g
Zubereitungszeit: 35 Minuten

500 g Kürbisfleisch, küchenfertig gewogen
ca. 700 g Orangen
1 kleines Stück Ingwerwurzel (etwa 10 g)
500 g Gelierzucker 2:1

Den milden Kürbis kann man auch hervorragend mit Früchten kombiniert als Konfitüre genießen.

Den Kürbis würfeln und in einem großen Topf in möglichst wenig Wasser einige Minuten dünsten. Von den Orangen die Schale mit einem scharfen Messer so abschneiden, dass die

weiße Haut mit entfernt wird. Die Orangenfilets aus den
Trennhäuten herausschneiden, 500 g abwiegen. Den dabei
austretenden Saft auffangen. Die Filets klein schneiden und
zusammen mit dem Orangensaft in den Topf zum Kürbis
geben.

Den Ingwer schälen, fein würfeln und zusammen mit
dem Gelierzucker in den Topf geben. Alles gut durchmischen. Anschließend mit dem Pürierstab pürieren. Das
Ganze aufkochen und unter Rühren vier Minuten sprudelnd
kochen lassen.

Die Konfitüre sofort in die vorbereiteten, heiß ausgespülten Gläser (Twist-off-Gläser oder Gläser mit Gummiring
und Bügelverschluss) füllen und verschließen. Die Gläser
für 30 Minuten auf den Kopf stellen und dann wieder umdrehen. Ungeöffnet an einem trockenen, dunkeln Ort gelagert etwa ein Jahr haltbar.

### Kürbis-Chutney

1 kg Gartenkürbis, geschält gewogen
400 g Zucchini
1 Kochapfel
3 Knoblauchzehen
350 ml Cidre-Essig (ersatzweise Weißweinessig)
1 TL Salz
1 TL gemahlener Koriander
1 TL scharfes Currypulver
300 g Zucker

**ganz einfach,
tolles Geschenk**
Ergibt 4 Gläser
à 450 ml
Zubereitungs-
zeit: etwa
1 ½ Stunden

Kürbis, Zucchini und Apfel in Stücke schneiden. Knoblauch
schälen und fein hacken. Die vorbereiteten Zutaten zusammen mit Essig, Gewürzen und Zucker in einen großen Topf
geben und gut durchrühren.

Das Ganze aufkochen und bei geringer Hitzezufuhr so
lange köcheln lassen, bis die Gemüsestücke zerfallen sind
und das Chutney eine marmeladenartige Konsistenz hat.
Dabei öfter umrühren, damit nichts anbrennt.

Das Chutney sofort in die vorbereiteten, heiß ausgespülten Gläser (Twist-off-Gläser oder Gläser mit Gummiring und
Bügelverschluss) füllen und verschließen.

Die Gläser für fünf Minuten auf den Kopf stellen und
dann wieder umdrehen. Vor dem Verzehr einen Monat
durchziehen lassen. An einem kühlen, dunklen Ort aufbewahrt bis zu neun Monate haltbar.

### Fruchtige Kürbissuppe

raffiniert, gut
vorzubereiten
Ergibt 4 Portionen
Zubereitungs-
zeit: 45 Minuten

1 kg Hokkaidokürbis
3 säuerliche Äpfel
1 kleines Stück frischer Ingwer, geschält und gehackt
250 ml Gemüsebrühe
250 ml Apfelsaft
Salz, Pfeffer aus der Mühle
1 Prise Chilipulver
4 EL Crème fraîche

Kürbis und Äpfel waschen, Äpfel schälen, beides entkernen und würfeln.

Das Öl in einem Topf erhitzen und Kürbis, Apfel und Ingwer darin anschwitzen, mit Gemüsebrühe ablöschen, den Apfelsaft zufügen und etwa 20 Minuten köcheln, bis der Kürbis und das Obst weich sind.

Anschließend pürieren, dabei nach Wunsch einen Teil stückig lassen, und mit Salz, Pfeffer und Chili abschmecken.

Mit je 1 EL Crème fraîche und Chilipulver bestreut servieren.

### Kürbisrisotto

raffiniert,
sehr lecker
Ergibt 4 Portionen
Zubereitungs-
zeit: 45 Minuten

600 g Hokkaido-Kürbis
2 EL Öl
1 TL Rohrzucker
4 Schalotten
400 g Risotto-Reis
150 ml Weißwein (nach Wunsch)
ca. 1,5 l heiße Gemüsebrühe
Salz, Pfeffer aus der Mühle
30 g Butter
100 g fester Ziegenkäse, grob geraspelt

Den Kürbis entkernen, grob raspeln und in wenig Öl in einer Pfanne weich dünsten, gegebenenfalls etwas Wasser zufügen. Den Zucker unterrühren und beiseite stellen.

Die Schalotten schälen und klein würfeln. Das restliche Öl in einem Topf oder einer Pfanne mit hohem Rand erhitzen und die Schalotten anschwitzen, den Reis dazugeben und eine Minute unter Rühren garen, bis die Körnchen von einer Fettschicht überzogen sind.

Mit dem Wein, falls verwendet, ablöschen (alternativ mit etwas Gemüsebrühe ablöschen) und bei mittlerer Hitze ga-

Das Kürbisrisotto eignet sich bestens für die Gästebewirtung im Herbst.

ren, bis die Flüssigkeit fast ganz verdunstet ist. Die Gemüsebrühe schöpfkellenweise dazugeben und das Risotto bei mittlerer Hitze unter Rühren garen, bis die Flüssigkeit ganz eingekocht ist.

Kurz bevor der Reis gar ist – er soll außen weich, innen aber noch bissfest sein – die Kürbisraspel unterrühren. Das Risotto mit Salz und Pfeffer abschmecken und die Butter unterziehen. Mit dem Ziegenkäse anrichten.

# Gurken – wasserreich und schlank

Ursprünglich stammt die Schlangengurke von den Südhängen des Himalayas und ist daher sehr wärmeliebend. Mit 99 Prozent Wassergehalt ist sie das wasserreichste Gemüse und folglich besonders kalorienarm. Sie enthält aber viele Mineralstoffe – und eine Gurkenmaske wirkt durchblutungsfördernd, das wussten schon die alten Ägypter.

**Wann ernten?** Die Gurkenschale sollte eine dunkelgrüne Farbe haben, fest und glänzend sein. Eine regelmäßige Ernte regt das Nachwachsen der Früchte an. Kleinere Gurken schmecken aromatischer als große. Die Erntezeit beginnt im Juni und dauert bis September.

**Wie lagern?** Gurken können im Gemüsefach des Kühlschranks bis zu fünf Tage aufbewahrt werden.

**Wie haltbar machen?** Einkochen, in Essigeinlegen, in Essig-Zucker-Lösungeinlegen, einfrieren.

### Die besten Küchentipps
- Durch Kontakt mit Salz ziehen Gurken Wasser und verlieren Mineralstoffe. Daher sollte man sie immer erst direkt vor dem Servieren salzen oder mit der Salatsauce mischen.
- Für manche Zubereitungen wie Tsatsiki empfiehlt es sich trotz des Mineralstoffverlusts, die Gurken vorher Wasser ziehen zu lassen, damit sie das Gericht nicht zu sehr verwässern. Dazu die Gurken raspeln oder in Scheiben schneiden, mit Salz mischen und in einem Küchensieb zehn Minuten ziehen lassen. Anschließend mit kaltem Wasser abspülen und die Flüssigkeit leicht ausdrücken.
- Gurken lassen sich am besten mit einem Teelöffel oder einem Kugelausstecher entkernen.
- Zu dem eher geschmacksarmen Gemüse passen aromatische Kräuter wie Dill, Estragon, Schnittlauch, Borretsch oder Koriander.

**Ruck-Zuck-Verwertung**  Gurken raspeln und für Tsatsiki verwenden oder für einen Drink mit Butter- oder Dickmilch im Mixer pürieren, mit Kräutern, Salz und Pfeffer abschmecken.

**Pfiffige Rezeptideen**  Servieren Sie Gurke als kalte Sommersuppe, kombiniert mit Joghurt oder Dickmilch, oder mit einer Hackfleisch- oder vegetarischen Füllung im Backofen überbacken.

### Eingelegte Salatgurken

1,5 kg Salatgurken
150 g Salz
600 ml Weißwein- oder Apfelessig
200 g Zucker
1 EL Senfkörner
5 getr. Lorbeerblätter
je ½ Bund Dill und Estragon
3 Knoblauchzehen

**ganz einfach, gut für riesige Mengen**

Ergibt 3 Gläser à etwa 500 ml
Zubereitungszeit: 40 Minuten plus zwei Tage Zeit zum Ziehen

Die Gurken schälen, längs halbieren und Kerne mit einem Löffel herauskratzen. Gurken in etwa 2 cm breite Scheiben schneiden, in einer Schüssel mit Salz mischen und abgedeckt an einem kühlen Ort 24 Stunden ziehen lassen.

Am nächsten Tag die Gurken mit Wasser abspülen und gründlich abtropfen lassen.

Essig, 250 ml Wasser, Zucker, Senf und Lorbeerblätter aufkochen. Die Gurken hineingeben, einmal aufkochen lassen. Gurken im Sud abkühlen lassen und etwa 24 Stunden darin ziehen lassen.

Die Kräuter waschen, trockentupfen und von den Stängeln zupfen. Die Knoblauchzehen schälen und halbieren.

Die Gurken aus dem Essigsud herausnehmen, den Sud nochmals zusammen mit Kräutern und Knoblauch kurz aufkochen. Die Gurken auf vorbereitete sterilisierte Einmachgläser verteilen und den heißen Sud darübergießen. Die Gurken müssen mindestens ein fingerbreit mit Sud bedeckt sein. Die Gläser verschließen und an einem kühlen, dunklen Ort aufbewahren. Halten sich etwa ein Jahr.

### Couscoussalat mit Gurke

**unkompliziert, typisch arabisch**
Ergibt 4 Portionen als Hauptgericht oder
6 Portionen als Beilage
Zubereitungszeit: 40 Minuten

600 ml Gemüsebrühe
400 g Instant-Couscous
1 große Salatgurke
2 große Tomaten
½ Knolle frischer, grüner Knoblauch
400 g Schafsmilchjoghurt
100 ml Milch
Saft und abgeriebene Schale von 1 Bio-Zitrone
½ TL gemahlener Koriander
Salz und Pfeffer aus der Mühle
1 EL gehackte Minzeblättchen

Die Gemüsebrühe aufkochen und den Couscous in einer Schüssel mit der heißen Brühe übergießen. Etwa fünf Minuten quellen lassen, dann mit einer Gabel auflockern.

Inzwischen die Gurke waschen, längs halbieren, die Kerne herauskratzen und grob würfeln. Die Tomaten vierteln, vom grünen Steilansatz befreien, entkernen und fein würfeln. Den Knoblauch gegebenenfalls von trockener Schale befreien und fein würfeln. Das Gemüse und den Knoblauch in einer weiteren Schüssel mischen.

Den Joghurt mit Milch, Zitronensaft und -schale glatt rühren. Mit Koriander, Salz und Pfeffer würzen.

Köstlich, erfrischend und schnell gemacht – dieser Salat kommt bei jedem Sommerfest gut an.

In einer Servierschüssel das Gemüse mit dem Couscous mischen und die Sauce unterheben. Mit Minzeblättchen bestreut servieren.

## Sommerspeise

Der Salat schmeckt mit Fladenbrot als leichtes Hauptgericht vor allem im Sommer lecker. Er bereichert aber auch jedes kalte Buffet oder passt bestens zu Grillgerichten, vor allem zu Hühnchen und Fisch.

### Gazpacho

250 g Weißbrot oder Ciabatta
500 ml Gemüsebrühe, abgekühlt
3 EL Rotweinessig
800 g vollreife Tomaten (ersatzweise gehackte Tomaten aus der Dose)
2 Salatgurken
1 rote Paprikaschote
1 Knoblauchzehe
4 EL natives Olivenöl extra
Salz, Pfeffer aus der Mühle
Zucker
Chilipulver

**am besten im heißen Juli**
Ergibt 4 Portionen
Zubereitungszeit: 30 Minuten plus 2 Stunden Kühlzeit

Das Weißbrot entrinden und in Würfel schneiden. Mit Brühe und Essig begießen und einige Minuten einweichen.

In der Zwischenzeit die frischen Tomaten heiß überbrühen, enthäuten, entkernen und hacken. Die Gurke schälen, längs halbieren, mit einem Löffel entkernen. Die Paprikaschote entkernen.

Einen Teil des vorbereiteten Gemüses in feine Würfel schneiden, es sollen etwa 2 Esslöffel Gemüsewürfel entstehen. Die Gemüsewürfel in einem verschließbaren Behälter in den Kühlschrank stellen. Das restliche Gemüse grob hacken.

Das Brot mit Essig und Brühe sowie das gehackte Gemüse fein pürieren. Den Knoblauch durchpressen und dazugeben, das Olivenöl unterrühren und die Suppe mit Salz, Pfeffer, Zucker und etwas Chilipulver abschmecken.

Die Gazpacho mindestens zwei Stunden im Kühlschrank gut durchkühlen lassen. Mit den Gemüsewürfeln bestreut servieren. Dazu schmeckt Brot.

# Zwiebeln und Lauch – reich an ätherischen Ölen

Beide Gemüse gehören – wie auch Knoblauch, Schnittlauch und Bärlauch – zur artenreichen Familie der Lauchgewächse. Ihr gemeinsames Merkmal ist der typische, scharfe Geruch. Er entsteht erst, wenn das Pflanzengewebe verletzt wird und sich das geruchlose Alliin in das ätherische Öl Allicin umwandelt. Dieses enthält viele gesundheitsfördernde Stoffe.

**Wann ernten?** Zwiebeln sind erntereif, wenn sie ihre sortentypische Größe erreicht haben und das Grün gelb zu werden beginnt. Je nach Anbaumethode und Sorte kann von Frühjahr bis in den Herbst geerntet werden.

Kleine Lauchstangen sind zarter und aromatischer als die größeren Exemplare. Sie sollten bei der Ernte schön fest sein. Bei frühen Sorten beginnt die Ernte im Herbst. Überwinterungssorten können vom Winter bis ins nächste Frühjahr hinein nach Bedarf geerntet werden.

**Wie lagern?** Nach der Ernte sollten Zwiebeln etwa zwei Wochen in der Sonne trocknen, damit ihre Hüllblätter die Feuchtigkeit verlieren. Danach lagert man sie am besten luftig und kühl in einem Vorratskeller, also beispielsweise nebeneinander liegend in Holzkisten oder in einem Netz aufgehängt. Das schützt vor Schimmel. Zwiebeln können so bis zu drei Monate aufbewahrt werden.

Lauch hält sich im Gemüsefach des Kühlschranks etwa eine Woche frisch. Er kann auch in Erdmieten in einer Holzkiste in Sand eingeschlagen im Vorratskeller einige Monate gelagert werden.

**Wie haltbar machen?** Einkochen, in Essigeinlegen, in Essig-Zucker-Lösung einlegen, als Chutney oder Relish.

### Die besten Küchentipps
- Zwiebeln und Lauch erst direkt vor der weiteren Verarbeitung hacken, da sich das ätherische Öl rasch verflüchtigt.

– Lauch lässt sich am besten von Erde befreien, indem man ihn längs aufschlitzt und unter fließendem Wasser spült. Alternativ kann man ihn in schmale Ringe schneiden und dann in einem Sieb waschen

– Die Geruchsentwicklung beim Kleinschneiden von Zwiebeln kann abgemildert werden, wenn man Schneidebrett, Messer und geschälte Zwiebel mit kaltem Wasser abspült (nicht vor dem Schneiden abtrocknen!).

– Lauch kann gut eingefroren werden: Dazu in fingerlange Stücke oder in Ringe schneiden und blanchieren.

Hefeteig, gedünstete Zwiebeln, Sardellen, Oliven und Mittelmeerkräuter sind die Zutaten der Pissaladière.

– Auch Zwiebeln können eingefroren werden, wenn man sie vorher in etwas Flüssigkeit dünstet.

**Ruck-Zuck-Verwertung**  Lauch in sehr feine Ringe schneiden und in einer Suppe garen oder als Gemüse dünsten.

**Pfiffige Rezeptideen**  Beide Zwiebelgewächse schmecken gut auf pikanten Kuchen. Probieren Sie doch einmal einen Flammkuchen mit Lauch und Schinken oder eine Pissaladière, das ist eine südfranzösische Pizzavariante, mit Zwiebeln, Sardellen und Oliven.

### Karamellisierte Zwiebeln

**raffiniert, ganz einfach**
Ergibt 4 Portionen als Vorspeise oder für ein Buffet
Zubereitungszeit: 25 Minuten

20 kleine, weiße Zwiebeln oder Schalotten
6 EL Olivenöl
Salz
4 EL Weißweinessig
1 EL flüssiger Honig

Die Zwiebeln schälen. Das Öl in einem breiten Topf oder einer Pfanne mit hohem Rand erhitzen und die Zwiebeln nebeneinander hineinlegen, leicht salzen und unter Wenden bräunen.
    Etwas Wasser, den Essig und den Honig zufügen. Aufkochen und dann bei geringer Hitze so lange offen weiterkochen, bis die Flüssigkeit fast eingekocht ist. Abgekühlt servieren.

**Tipp**

## Italienisches

Süße Zwiebeln? Wer sie nicht kennt, kann sich kaum vorstellen, wie lecker sie schmecken! Die Italiener haben das schon lange erkannt. Für sie gehören diese süß-scharfen Zwiebeln zu einer Antipasti-Platte einfach mit dazu.

### Porreestangen mit Parmesan

**schnell, für Gäste**
Ergibt 4 Portionen
Zubereitungszeit: 25 Minuten

1 kg Porree
1 EL Olivenöl
2 TL abgeriebene Schale von einer Bio-Zitrone
Salz und Pfeffer aus der Mühle
1 Prise frisch geriebene Muskatnuss
50 g frisch geriebener Parmesan

Die dunkelgrünen Blätter vom Porree abschneiden, die hellgrünen und weißen Teile putzen, längs aufschlitzen, abspülen und in etwa 10 cm lange Stücke schneiden.

Das Olivenöl in einem breiten Topf oder einer Pfanne erhitzen, den Porree darin bei milder Hitze ringsum anschwitzen, mit etwas Brühe aufgießen, Zitronenschale zufügen und bei geschlossenem Deckel und milder Hitze etwa zwölf Minuten garen.

Den Porree mit Salz, Pfeffer und Muskatnuss würzen. Den Parmesan auf dem Porree verteilen, den Deckel schließen und den Parmesan leicht schmelzen lassen.

Die Porreestangen mit einem Pfannenwender herausnehmen und auf einer Servierplatte anrichten.

Dazu passen kurzgebratenes Fleisch und Salzkartoffeln oder Baguette.

### Lauch-Flammkuchen

1 P. Fertigteig für Flammkuchen (aus dem Kühlregal; alternativ selbst gemachter Hefeteig für 1 Backblech)
500 g Lauch
150 g Speckwürfel
250 g Schmand
2 Eier
Salz, Pfeffer aus der Mühle
frisch geriebene Muskatnuss

**ganz einfach, schmeckt auch Kindern**

Ergibt 8 Stücke
Zubereitungszeit: 35 Minuten

Die weißen und hellgrünen Teile des Porrees in feine Ringe schneiden. Das Öl in einer Pfanne erhitzen, den Speck darin knusprig braten und herausnehmen. Den Porree in der Pfanne zwei bis drei Minuten dünsten.

Den Schmand mit den Eiern verrühren und mit Salz, Pfeffer und Muskat abschmecken. Den Speck und den Porree unterheben.

Den Teig auf ein Backblech legen. Den Belag gleichmäßig auf dem Teig verteilen. Den Flammkuchen auf der 1. Einschubleiste von unten bei 250 °C etwa 20 Minuten backen.

# Grüne Bohnen – der Klassiker aus dem Garten

Grüne Bohnen, ob Buschbohnen oder Stangenbohnen, isst man, bevor die Samen reifen. Die Schoten sind dann noch zart und fleischig. Anders die Dicken Bohnen: Ihre Schoten sind hart und ungenießbar, geerntet werden die Kerne.

**Wann ernten?** Die Erntezeit dauert je nach Sorte und Aussaat- oder Pflanztermin von Anfang Juni bis Ende Oktober. Die Schoten schmecken umso zarter, je kleiner sie sind. Möglichst Schoten pflücken, die nicht größer als 15 cm sind. Häufiges Ernten regt das Wachstum neuer Schoten an. Wenn Sie einige Hülsen hängen und ausreifen lassen, können Sie im nächsten Frühjahr neu aussäen.

**Wie lagern?** Grüne Bohnen kann man zwei bis drei Tage im Gemüsefach des Kühlschranks lagern.

**Wie haltbar machen?** Einkochen, in Essig einlegen, einfrieren, trocknen.

### Die besten Küchentipps
- Welke Bohnen werden wieder knackig, wenn man sie etwa 15 Minuten in kaltes Wasser legt.
- Bohnen eignen sich sehr gut zum Einfrieren. Die Bohnen vorher etwa drei Minuten in Salzwasser blanchieren und anschließend kalt abschrecken. Das ist wichtig, um die schöne grüne Farbe zu erhalten.
- Zu grünen Bohnen passen Petersilie, Bohnenkraut und Mittelmeerkräuter.

**Ruck-Zuck-Verwertung** Bohnen müssen vor dem Verzehr gegart werden. Die schnellste Verarbeitungsmethode besteht darin, sie in wenig Salzwasser zu dünsten und als Beilage zu servieren. Aromatischer wird Bohnengemüse, wenn man Zwiebel- und eventuell auch Speckwürfel anschwitzt, dann Bohnen hinzufügt und in Gemüsebrühe dünstet.

**Pfiffige Rezeptideen**  Als Gemüsebeilage schmecken grüne Bohnen nicht nur solo – probieren Sie sie doch mal in einer Kombination mit Zwiebeln, Tomaten und Auberginen. Gut passen sie auch zu Eintöpfen mit Lamm- oder Rindfleisch.

Das Abschrecken nach dem Blanchieren bewahrt die grüne Farbe der Bohnen.

### Sauer eingelegte Bohnen
1 kg grüne oder gelbe Bohnen
Salz
einige Zweige Dill und Bohnenkraut
4 TL Einlegegewürz
2 Zwiebeln
500 ml Essig (mit 5 % Säure)
3 EL Zucker

**ganz einfach, schnell, gut für riesige Mengen**
Ergibt 2 Gläser à etwa 750 ml
Zubereitungszeit: 30 Minuten

Die Bohnen waschen und putzen. In leicht gesalzenem Wasser in etwa zehn Minuten bissfest garen, dann abgießen und abtropfen lassen. Die Kräuter waschen und trockentupfen.

Die Bohnen etwa ein Drittel hoch in sterilisierte Einmachgläser füllen. Die Kräuterzweige und das Einlegegewürz darauf verteilen. Die Zwiebeln schälen und in dünne Ringe schneiden.

Den Essig mit dem Zucker und 250 ml aufkochen und die Zwiebeln kurz darin ziehen lassen. Die Zwiebeln und den kochendheißen Sud auf die Gläser verteilen. Das Gemüse muss ein- bis zwei fingerbreit mit Sud bedeckt sein. Die Gläser verschließen und die Bohnen dunkel und kühl aufbewahren. Vor dem Verzehr vier Wochen durchziehen lassen. Hält sich etwa drei Monate.

**Tipp**

## Knackig

Diese eingelegten Bohnen schmeckten bissfest am besten. Achten Sie bei der Zubereitung also darauf, dass Sie die Bohnen ja nicht zu lange kochen lassen.

**ganz einfach, passt aufs Buffet**

Ergibt 4 Portionen
Zubereitungszeit: 40 Minuten

### Salat mit grünen und roten Bohnen

400 g grüne Bohnen
200 g Champignons
Salz
1 Dose Kidneybohnen (425 ml)
2 rote Zwiebeln
50 g Speckwürfel
1 TL Senf
Pfeffer aus der Mühle
3 EL Rotweinessig
4 EL Öl
½ Bund Schnittlauch

Grüne Bohnen und Champignons putzen und waschen, Champignons vierteln. Die grünen Bohnen in Salzwasser in etwa zehn Minuten garen, dann in ein Sieb abgießen und kalt abschrecken.

Die Kidneybohnen abtropfen lassen und mit den grünen Bohnen in einer Salatschüssel mischen.

Den Speck in einer Pfanne knusprig auslassen und die Champignons zufügen. So lange dünsten, bis die Flüssigkeit der Pilze verdampft ist. Speck und Champignons zum Salat geben.

Den Senf mit Salz und Pfeffer verrühren, den Essig unterrühren. Das Öl unterschlagen und die Sauce unter den Salat heben. Den Schnittlauch waschen, in Röllchen schneiden und den Salat mit Schnittlauch bestreut servieren.

## Bohnen-Tomaten-Gemüse

2 Zwiebeln
750 g grüne Bohnen
Salz
4 große Tomaten
½ EL Butter
½ EL Öl
Pfeffer aus der Mühle
1 Prise Zucker
1 TL getrockneter Oregano

**ganz einfach, schnell**
Ergibt 4 Portionen als Beilage
Zubereitungszeit: 25 Minuten

Zwiebeln schälen und in Streifen schneiden. Bohnen waschen, putzen und in wenig kochendem Salzwasser etwa fünf Minuten garen.

Inzwischen die Tomaten an der dem Stielansatz gegenüberliegenden Seite kreuzweise einritzen, mit kochendem Wasser überbrühen, kalt abschrecken, enthäuten, vierteln und entkernen.

Bohnen abgießen und kalt abschrecken. Öl und Butter in einer beschichteten Pfanne erhitzen und die Zwiebeln darin einige Minuten anschwitzen. Bohnen und Tomaten zugeben und bei milder Hitze noch fünf Minuten dünsten. Mit Salz, Pfeffer, Zucker und Oregano abschmecken.

Bohnen und Tomaten in eine Servierschüssel geben und mit Petersilie bestreut servieren.

# Kohlgemüse – große und kleine Köpfe

Diese Familie ist ausgesprochen vielfältig: Von den eher für große Gärten geeigneten Arten wie Weißkohl, Rotkohl oder Wirsing über Grünkohl, Chinakohl, Blumenkohl und Rosenkohl reicht das Spektrum bis zu den platzsparenden Sorten Kohlrabi oder Brokkoli. Bei Kohl ist für jede Gartengröße und jeden Geschmack etwas Geeignetes dabei.

**Wann ernten?** Für frühe Sorten beginnt die Ernte ab Juli/August, für späte ab Oktober.

Die Köpfe von Weiß- und Rotkohl sind erntereif, wenn sie fest geschlossen und für ihre Größe recht schwer sind. Weiß- und Rotkohl sind aber winterhart und können auch auf dem Beet stehen gelassen und nach Bedarf geerntet werden.

Blumenkohl sollte geerntet werden, wenn er nicht mehr als 20 cm Durchmesser hat und die Röschen fest und geschlossen sind.

Rosenkohl, Grünkohl und Wirsing gewinnen durch den ersten Frost an Geschmack und sollten daher möglichst spät geerntet werden. Die Rosenkohlpflanze wird von unten nach oben abgeerntet, Röschen und Blätter sollten noch schön fest sein. Beim Grünkohl pflückt man zuerst die äußeren, größeren Blätter und lässt die inneren noch weiter wachsen.

Beim Brokkoli erntet man die Stiele und die Röschen, bei denen es sich um die Blütenknopsen der Pflanze handelt. Brokkoli sollte geerntet werden, solange die Knospen noch geschlossen und fest sind.

**Wie lagern?** Blumenkohl, Kohlrabi, Rosenkohl und Brokkoli halten sich im Gemüsefach des Kühlschranks bis zu fünf Tage, Grünkohl nur etwa zwei Tage.

Wirsing kann im Kühlschrank bis zu einer Woche, Weiß- und Rotkohl bis zu zwei Wochen lagern.

Weiß- und Rotkohl kann in einem dunklen, kühlen und luftigen Vorratskeller drei bis vier Monate aufbewahrt werden.

**Wie haltbar machen?**  Einkochen, in Essig einlegen, einfrieren, milchsauer vergären, trocknen.

### Die besten Küchentipps

- Alle Kohlsorten, mit Ausnahme von Chinakohl, eignen sich zum Einfrieren. Sie werden vorher blanchiert.
- Weißkohl, Rotkohl und Grünkohl schmecken aufgewärmt fast noch besser als frisch gekocht. Diese Sorten kann man daher gut fertig zubereiten und anschließend einfrieren.
- Für Kohlrouladen eignen sich Weißkohl und Wirsing. Ganze Blätter lassen sich gut vom Kopf ablösen, wenn zunächst der Strunk herausgeschnitten und der ganze Kohl dann einige Minuten gekocht wird.
- Rosenkohlröschen unterschiedlicher Größe garen gleichmäßig, wenn man die Strünke vorher kreuzweise einritzt.
- Rosenkohl und Brokkoli schmecken aromatischer, wenn man sie nicht in Salzwasser kocht, sondern zunächst in etwas Fett (eventuell zusammen mit Zwiebel- oder Speckwürfeln) anschwitzt und dann in möglichst wenig Brühe dünstet.
- Brokkoli sollte bissfest sein, daher nicht zu lang garen.

**Ruck-Zuck-Verwertung**  Blumenkohl, Weiß- und Rotkohl schmecken auch als Rohkost, zum Beispiel fein gehobelt mit einer Vinaigrette. Kombinieren Sie dazu Früchte und Nüsse nach Geschmack. Eine schnelle Cremesuppe können Sie aus Blumenkohl, Brokkoli oder Rosenkohl zubereiten: in Brühe garen, pürieren, mit etwas Sahne und Kräutern abschmecken.

**Pfiffige Rezeptideen**  Kohl muss nicht immer „deftig" zubereitet werden. Zu vielen Kohlsorten passen auch asiatische Geschmacksnoten sehr gut. Kombinieren Sie beispielsweise Blumenkohl mit Curry oder Kurkuma, Brokkoli mit Koriandergrün oder Kreuzkümmel, Grünkohl mit Chili oder Koriander und Weißkohl mit Curry oder Koriander.

## Sauerkraut

**ganz einfach, sehr gesund**
Ergibt 3 kg Sauerkraut
Zubereitungszeit: 45 Minuten plus 4 Wochen Zeit zum Gären

3 kg Weißkohl oder Spitzkohl
70 g Salz plus eventuell Salz für eine Lake
1 EL Kümmel, Wacholderbeeren oder schwarze Pfefferkörner, nach Belieben

Die äußeren Deckblätter vom Kohl entfernen, den Strunk abschneiden und den Kopf halbieren. Mit einem Krauthobel oder einem großen, scharfen Messer in feine Streifen schneiden.

Das Kraut mit dem Salz locker mischen und einige Minuten ziehen lassen. Dann das Sauerkraut in ein Sauerkrautgefäß füllen. Wenn gewünscht, Gewürz untermischen.

Ob kalt als Salat oder warm – Sauerkraut können Sie in unzähligen Varianten servieren.

Das Sauerkraut lagenweise etwa 5 cm hoch einfüllen und mit einem Holzstößel lange und gut stampfen, bis Flüssigkeit über dem Kraut steht. Dann die nächste Lage einfüllen und wieder stampfen, bis genügend Saft ausgetreten ist.

Auf diese Weise das gesamte Kraut verarbeiten. Falls nicht genug Flüssigkeit entsteht, mit kalter Salzlake (1 ½ EL Salz, aufgelöst in 1 l kochendem Wasser) auffüllen.

Das Sauerkraut mit einem Gewicht beschweren (diese sind bei manchen Sauerkrautgefäßen dabei, alternativ ein mit Wasser gefülltes Einmachglas verwenden). Den Deckel auf die mit Wasser gefüllte Rinne des Sauerkrauttopfes setzen.

Das Sauerkraut drei bis vier Wochen gären lassen, die erste Woche bei Raumtemperatur (20–22 °C), danach kühler stellen, zum Beispiel in den Keller. Der Gärprozess ist abgeschlossen, wenn keine Luftbläschen mehr entstehen. Das Sauerkraut in sterilisierten Einmachgläser füllen oder einfrieren. An einem kühlen, dunklen Ort etwa neun Monate haltbar.

### Chakalaka

60 ml Olivenöl
2 Zwiebeln, fein gewürfelt
3 Knoblauchzehen, durchgepresst
2 rote Chilischoten, fein gewürfelt
300 g Möhren, in dünnen Scheiben
400 g Weißkohl, fein gehobelt
1 Paprikaschote, in Streifen geschnitten
200 g. gehackte Tomaten mit Saft (aus der Dose)
1 TL Rohrzucker
1 TL Currypulver
1 TL Meersalz
1 EL Ingwer, frisch gerieben
Salz und Chilipulver
300 g Tiefkühl-Erbsen

**raffiniert, afrikanisch**
Ergibt 8 Portionen als Beilage
Zubereitungszeit: 45 Minuten

2 EL Öl in einem großen Topf erhitzen und Zwiebeln, Knoblauch und Chili darin anschwitzen. Das restliche Öl zufügen, Möhren, Weißkohl und Paprika anschwitzen.

Gehackte Tomaten und sämtliche Gewürze zufügen. Das Ganze bei geringer Hitze etwa 20 Minuten garen, dabei öfter umrühren. Die Erbsen fünf Minuten blanchieren und kurz vor Ende der Garzeit zufügen. Das Gemüse sollte nicht zu weich sein.

Diese afrikanische Gemüsesauce wird als Beilage zu Fleisch gegessen oder als Dip beispielsweise zu Fladenbrot oder Tortilla-Chips gereicht.

### Eingekochter Rotkohl

ganz einfach,
gut für große
Mengen geeig-
net

Ergibt 2 Gläser
à etwa 750 ml
Zubereitungs-
zeit: 30 Minuten
plus etwa 70 Mi-
nuten Einkoch-
zeit

2 kg Rotkohl
2 EL Salz
einige Lorbeerblätter
1 EL Pfefferkörner
einige Nelken
1 l Essig
500 g Zucker

Den Rotkohl fein hobeln, in einem großen Gefäß mit dem Salz mischen und etwa 24 Stunden ziehen lassen.

Den Kohl in ein Sieb geben, abtropfen lassen, ausdrücken und mit den Gewürzen in Einkochgläser füllen.

Essig und Zucker verrühren und auf die Gläser verteilen. Im Einkochtopf nach Anleitung einkochen, alternativ im Backofen bei 175° im Wasserbad 70 Minuten.

### Pasta mit Brokkoli

fernöstlich,
schnell

Ergibt 4 Portionen
Zubereitungs-
zeit: 30 Minuten

800 g Brokkoli
½ rote Chilischote
1 Bio-Limette
400 g Bavette oder Makkaroni
Salz
100 ml helle Sojasauce
Pfeffer aus der Mühle
25 g frisch geriebener Parmesan

Brokkoli waschen und in möglichst gleich große Röschen teilen. Dicke Stiele längs halbieren, dünnere quer. Die Chilischote längs aufschlitzen, entkernen und in feine Ringe schneiden. Den Limettensaft auspressen und die Schale fein abreiben.

Die Nudeln in einem großen Topf in reichlich Salzwasser bissfest kochen. Inzwischen das Öl in einem Wok oder einer großen Pfanne erhitzen. Den Brokkoli darin bei mittlerer Hitze unter ständigem Rühren fünf bis zehn Minuten braten, bis er gegart, aber noch knackig ist. Kurz vor Ende der Garzeit die Chilischote unterrühren und kurz mitgaren.

Die Nudeln abgießen, dabei einige EL des Kochwassers auffangen. Nudeln und etwas Kochwasser zu den Brokkolistückchen in den Wok geben, Limettensaft und -schale sowie Sojasauce zufügen. Mit Pfeffer abschmecken. Mit dem Parmesan servieren.

# Kräuter – duftend, aromatisch, gesund

In der gesunden, aromatischen Küche sind Kräuter unverzichtbar – und zum Glück auch im kleinsten Garten zu kultivieren. Ihre ätherischen Öle sorgen für Aroma und den typischen Duft, der sie so anziehend und appetitanregend macht. Zudem sind Kräuter voller wertvoller Inhaltsstoffe.

**Wann ernten?**  Kräuter am besten am Morgen ernten, dann ist ihr Gehalt an ätherischen Ölen am höchsten. Sie sind vor der Blütezeit am aromatischsten.

**Wie lagern?**  Kräuter bewahrt man am besten in feuchtes Küchenpapier gewickelt im Gemüsefach des Kühlschranks auf. Dabei darauf achten, dass die Stielanschnitte direkten Kontakt zum Papier haben. Je nach Sorte bleiben die Kräuter zwei bis vier Tage frisch.

**Wie haltbar machen?**  Einlegen in Essig oder Öl, einfrieren, salzen, trocknen.

### Die besten Küchentipps
- Schnittlauch schneidet man am schnellsten mit der Küchenschere in Röllchen.
- Kräuter, die schon etwas welk sind, sehen wieder frisch aus, wenn man sie in eine Gefriertüte gibt, diese prall aufbläst und fest verschließt.
- Da Kräuter nach dem Auftauen matschig sind und nicht mehr zum Dekorieren verwendet werden können, friert man sie am besten gleich gehackt ein.
- Sie können dafür auch kurz im Mixer, unter Zugabe von etwas Öl, gehackt werden.
- Die gehackten Kräuter dann in kleinen Gefrierboxen oder -tüten oder mit Wasser bedeckt in Eiswürfelbehältern einfrieren.
- Die Kräuterwürfel sind besonders praktisch: Einfach kurz

vor Ende der Garzeit in Suppen, Saucen oder Eintöpfe
geben.
–   Auch Kräuterbutter und Pesto (Rezepte siehe Seite 121
und 122) eignen sich gut, um Kräuter haltbar zu machen.

**Ruck-Zuck-Verwertung**  Pesto und Kräuterbutter sind
schnell gemacht und können zudem aufbewahrt werden.
Kräuter in Öl eingelegt bleiben bis zu drei Monate frisch.

**Pfiffige Rezeptideen**  Sie haben besonders viele Kräuter im
Garten? Probieren Sie Rezepte aus, in denen Kräuter die
Hauptzutat sind, zum Beispiel eine Kräutersauce oder
-suppe. Auch milder schmeckende Blattsalate vertragen
reichlich Kräuter als Partner.

Aromatisierte But-
ter können Sie in
den unterschied-
lichsten Variatio-
nen zubereiten.

## Kräuterbutter

125 g weiche Butter
1 Knoblauchzehe
3 EL frisch gehackte Kräuter nach Wahl
1 Spritzer Zitronensaft
Meersalz und Pfeffer aus der Mühle

**ganz einfach**
Ergibt 10 Portionen als Beilage
Zubereitungszeit: 10 Minuten

Die Butter mit einer Gabel geschmeidig rühren. Die Knoblauchzehe schälen und fein hacken. Alle Zutaten unter die Butter rühren, mit Salz und Pfeffer abschmecken. Je nach Verwendungszweck in ein Schälchen füllen und abdecken oder zu einer Wurst formen und in Frischhaltefolie einwickeln.

---

### Hübsche Butter

**Tipp**

– Die Butter kann im Kühlschrank bis zu eine Woche lang gelagert werden, eignet sich aber auch bestens zum Einfrieren (drei Monate haltbar).
– Bereiten Sie sie je nach Ernte und Geschmack mit nur einer Kräutersorte oder einer Kombination von zwei bis drei verschiedenen Sorten zu.
– Dekorativ für eine Party: Füllen Sie die Butter in Eiswürfelbehälter aus Silikon und lassen Sie sie im Kühlschrank fest werden. Die Butterportionen lassen sich leicht herauslösen.

---

## Kräuteröl

10 Kräuterzweige (z. B. Oregano, Thymian, Rosmarin, Majoran oder Salbei)
500 ml natives Olivenöl extra

**ein feines Geschenk**
Ergibt 2 Flaschen à etwa 250 ml
Zubereitungszeit: 5 Minuten plus 2 Wochen Zeit zum Durchziehen

Die Kräuterzweige vorsichtig waschen und gut trockentupfen. Zusammen mit dem Öl in eine weithalsige Flasche füllen.

Die Flasche verschließen und das Kräuteröl an einem sonnigen Platz 14 Tage ziehen lassen. Das Kräuteröl anschließend durch einen Kaffeefilter gießen und in sterilisierte Flaschen füllen. Die Flaschen gut verschließen und dunkel aufbewahren.

Dieses aromatische Kräuteröl verbessert Salatsaucen und aromatisiert warme Gerichte.

### Kräuteressig

2 Zweige Basilikum
2 Zweige Thymian
1 Zweig Oregano
500 ml Weißweinessig oder weißer Balsamico-Essig

Die Kräuter waschen und trockentupfen. Die Blätter von den Stielen zupfen und leicht mit der Hand zerdrücken. Die Kräuter in ein Glas von 500 ml Fassungsvermögen, beispielsweise ein Einmachglas, geben, den Essig dazugießen und das Glas verschließen.

Den Essig an einem warmem Ort drei Wochen ziehen lassen, dabei öfter schwenken.

Den Essig anschließend durch einen Kaffeefilter gießen, in sterilisierte Flaschen füllen und gut verschließen.

### Kräuterpesto

1 Bund Basilikum, glatte Petersilie, Rauke oder Bärlauch
1–2 Knoblauchzehen
1 EL Pinienkerne (oder Mandeln)
1 Prise Jodsalz
100 ml Olivenöl und evtl. etwas Öl zusätzlich
3 EL geriebener Parmesan

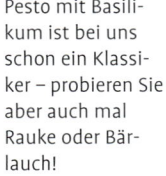

Pesto mit Basilikum ist bei uns schon ein Klassiker – probieren Sie aber auch mal Rauke oder Bärlauch!

Die Kräuter von den Stielen abzupfen und hacken. Die Knoblauchzehe hacken.

Die Pinienkerne in einer Pfanne ohne Fett anrösten. Kräuter, Knoblauch, Salz und Pinienkerne zusammen mit dem Olivenöl im Mixer oder mit einem Pürierstab kurz durchmixen. Die Zutaten sollen noch leicht stückig bleiben.

Den Parmesan unterrühren. Soll das Pesto nicht sofort aufgebraucht werden, wird es in ein sauberes Schraubdeckelglas gefüllt. Zum Schluss noch mit einer Schicht Öl bedecken, damit es nicht verdirbt.

## Kräuter pur

**Tipp**

Pesto passt nicht nur zu Nudelgerichten. Schmecken Sie auch Gemüse- oder Sahnesaucen damit ab, rühren Sie es in ein Risotto, mischen Sie es als Brotaufstrich unter Magerquark oder marinieren Sie Grillfleisch damit.

### Kräutersalat

40 g glatte Petersilie oder Basilikum
½ Knolle frischer Knoblauch
2 Paprikaschoten
200 g Schafskäse
Kräutersalz und Pfeffer aus der Mühle
½ TL flüssiger Honig
2 EL Weißweinessig
5 EL natives Olivenöl extra

**raffiniert, schnell**
Ergibt 4 Portionen als Beilage
Zubereitungszeit: 25 Minuten

Die Kräuter waschen, trockentupfen und die Blätter von den Stielen zupfen. Den Knoblauch zerteilen und in möglichst dünne Scheiben schneiden. Die Paprika putzen, entkernen, waschen und würfeln. Den Schafskäse ebenfalls würfeln. Die vorbereiteten Zutaten in einer Salatschüssel mischen.

Aus Kräutersalz, Pfeffer, Honig, Essig und Olivenöl eine Salatsauce rühren und unter den Salat haben. Kurz durchziehen lassen und servieren.

Das Gemüse für diesen Salat können Sie je nach Angebot variieren. Gut schmecken beispielsweise auch Tomaten oder Gurken.

Der Salat kann noch um ein paar schwarze Oliven oder geröstete Pistazienkerne ergänzt werden.

# Was eignet sich wofür?

## Obst haltbar machen

| | Einfrieren | Einkochen | Konfitüre/ Gelee | Chutney/ Relish | Einlegen in Essig | Einlegen in Alkohol | Entsaften | Trocknen |
|---|---|---|---|---|---|---|---|---|
| Erdbeeren | + | + | + | + | - | + | + | - |
| Johannisbeeren | + | + | + | + | + | + | + | - |
| Himbeeren | + | + | + | + | - | + | + | - |
| Brombeeren | + | + | + | + | - | + | + | - |
| Stachelbeeren | + | + | + | + | - | + | + | - |
| Kirschen | + | + | + | + | - | + | + | + |
| Mirabellen | + | + | + | + | - | + | + | - |
| Pflaumen | + | + | + | + | + | + | + | + |
| Pfirsiche/ Aprikosen | + | + | + | + | + | + | + | + |
| Äpfel | + | + | + | + | - | + | + | + |
| Birnen | nur Frühbirnen | + | + | + | - | + | + | + |

## Gemüse haltbar machen

| | Einfrieren | Einkochen | Konfitüre/ Gelee | Chutney/ Relish | Einlegen in Essig | Einlegen in Öl | Entsaften | Trocknen |
|---|---|---|---|---|---|---|---|---|
| Möhren | + | + | + | + | + | + | + | + |
| Rettiche/ Radieschen | - | - | - | - | + | - | + | - |
| Tomaten | + | + | + | + | - | - | + | + |
| Paprika | + | + | + | + | + | + | - | + |
| Zucchini | + | + | + | + | + | + | - | + |
| Kürbisse | + | + | + | + | + | + | - | + |
| Gurken | + | + | - | - | + | - | + | - |
| Zwiebeln | + | + | + | + | + | - | + | + |
| Grüne Bohnen | + | + | - | + | + | - | - | + |
| Kohl | + | + | - | + | + | - | - | + |
| Kräuter | | - | - | - | - | + | - | + |

# Bezugsquellen

## Gelierzucker und Einmachhilfen

**Dr. August Oetker Nahrungsmittel KG**
Lutterstr. 14
33617 Bielefeld
Tel.: 0521 155–0
Fax: 0521 155–29 95
E-Mail: service@oetker.de
Internet: www.oetker.de

**Pfeifer & Langen**
Linnicher Str. 48
50933 Köln
Tel.: 0221 4980–0
Fax : 0221 4980–371
E-Mail: info@pfeifer-langen.de
Internet: www.pfeifer-langen.de

## Einmachzubehör und Saftflaschen

**J. WECK GmbH u. Co. KG**
Wehratalstr. 3
79664 Wehr
Tel.: 0 77 61/9 35–0
Fax: 0 77 61/5 76 91
Internet: www.weck.de
E-Mail: marke-weck-glaeser@weck.de

**Umformtechnik Merten & Storck GmbH**
Am Ladestrang 1
48317 Drensteinfurt
Tel.: 02508 9909–0
Fax: 02508 9909–50
Internet: www.kochstar.de
E-Mail: info@kochstar.de

# Bildquellen

Gettyimages/Steven Mark Needham/FoodPix: Titel
Christian Jung – Fotolia.com: Seite 2/3
emmi – Fotolia.com: Seite 46
iStockphoto/Angela Sorrentino: Seite 101
iStockphoto/Cgissemann: Seite 23
iStockphoto/Margaret Edwards: Seite 81
iStockphoto/naten: Seite 8
iStockphoto/NightAndDayImages: Seite 68
JKM – Fotolia.com: Seite 31
mauritius images/DK Images: Seite 11
mauritius images/Food and Drink: Seite 56, 61, 107
mauritius images/FreshFood: Seite 4/5 (14), 16/17 (65), 54
mauritius images/Garden Picture Library: Seite 79
mauritius images/Josephine Clasen Seite 104
mauritius images/Manuela Balck: Seite 1 (50)
mauritius images/Oredia: Seite 84, 98
mauritius images/Profimedia: Seite 42

mauritius images/Visions Pictures: Seite 71
Quade – Fotolia.com: Seite 94
Stockfood/Alack, Chris: Seite 35
Stockfood/Anna Huerta: Seite 21
Stockfood/Cimbal, Walter: Seite 19
Stockfood/David Loftus Limited: Seite 76
Stockfood/Eising Studio – Food Photo & Video: Seite 26, 29,96
Stockfood/Finley, Marc C.: Seite 122
Stockfood/Freek, Henrik: Seite 37
Stockfood/Heinze, Winfried: Seite 89
Stockfood/Kirchherr Jo: Seite 66
Stockfood/Klaus Arras: Seite 33
Stockfood/Rees, Peter: Seite 39
Stockfood/Schardt, Wolfgang: Seite 60
Stockfood/Scott, Glenn: Seite 111
Stockfood/Winkelmann Bernhard: Seite 120
TwilightArtPictures – Fotolia.com: Seite 52
Viktorija – Fotolia.com: Seite 72/23 (91)
Yvonne Bogdanski – Fotolia.com: Seite 115

# Rezepte schnell nachgeschlagen

**Bibliografische Information der Deutschen Nationalbibliothek**
Die Deutsche Nationalbibliothek verzeichnet diese Publikation in der Deutschen Nationalbibliografie; detaillierte bibliografische Daten sind im Internet über http://dnb.d-nb.de abrufbar.

© 2012 Eugen Ulmer KG
Wollgrasweg 41, 70599 Stuttgart (Hohenheim)
E-Mail: info@ulmer.de
Internet: www.ulmer.de
Umschlagentwurf: Atelier Reichert, Stuttgart
Lektorat: Ute Bartels, Christine Schneider
Herstellung: Thomas Eisele
Reproduktion: timeRay, Herrenberg
Druck und Bindung: Firmengruppe APPL, aprinta Druck, Wemding
Printed in Germany

**ISBN 978-3-8001-7671-7**